教育部人文社会科学研究青年项目（19YJC630235）资助
2022“海关管理现代化前沿”蓝皮书

面向跨境供应链合规的信息协同机制研究

周欣◎著

中国海关出版社有限公司
中国·北京

图书在版编目（CIP）数据

面向跨境供应链合规的信息协同机制研究/周欣著．—北京：中国海关出版社有限公司，2023.1

ISBN 978-7-5175-0603-4

Ⅰ.①面… Ⅱ.①周… Ⅲ.国际贸易—供应链管理—研究 Ⅳ.①F74

中国版本图书馆 CIP 数据核字（2022）第 216022 号

面向跨境供应链合规的信息协同机制研究

MIANXIANG KUAJING GONGYINGLIAN HEGUI DE XINXI XIETONG JIZHI YANJIU

作　　者：周　欣
责任编辑：夏淑婷
责任印制：孙　倩
出版发行：中国海关出版社有限公司
社　　址：北京市朝阳区东四环南路甲 1 号　　邮政编码：100023
编 辑 部：01065194242-7539（电话）
发 行 部：01065194221/4238/4246/4247（电话）
社办书店：01065195616/5127（电话）
https://weidian.com/?userid=319526934（网址）
印　　刷：北京利丰雅高长城印刷有限公司　　经　　销：新华书店
开　　本：710mm×1000mm　1/16
印　　张：11.25　　字　　数：196 千字
版　　次：2023 年 1 月第 1 版
印　　次：2024 年 7 月第 2 次印刷
书　　号：ISBN 978-7-5175-0603-4
定　　价：36.00 元

总 序

21 世纪以来，国际贸易和投资规则发生了重要变化，世界海关组织（World Customs Organization，WCO）积极推动全球供应链安全与便利化发展，我国作为全球第二大经济体，对外贸易增长迅速，其中进出口货物贸易量已升至第一，经济与贸易发展方式面临着转型升级的压力。同时，随着信息技术数字化和互联网的飞速发展，国际贸易新业态不断涌现。这些形势对海关管理提出了新挑战，一系列海关管理现代化前沿问题亟待研究破解。

海关管理面临的新挑战，或者说海关管理现代化前沿问题研究的背景主要有以下几个方面。

第一，应对全球贸易与投资发展新规则的挑战，我国经济开放与海关管理都需要进行战略提升与策略更新或调整。

近年来，全球贸易与投资规则开始了新的变化与重构。在《全面与进步跨太平洋伙伴关系协定》（CPTPP）、《跨大西洋贸易与投资伙伴协议》（TTIP）和《国际服务贸易协定》（TISA）三大自由贸易谈判的推动下，国际贸易与投资规则变化的动向包括：一是推行更高标准的贸易自由化；二是积极推进投资自由化；三是更加强调服务贸易自由化；四是更加强调公平竞争和权益保护。从覆盖面来看，CPTPP 目前成员方 GDP 和贸易额约各占全球总额的 40%；TTIP 美欧两大经济体 GDP 约占全球总额的 50%，贸易额约占全球总额的 30%，双边投资金额超过 3.7 万亿美元；TISA 目前成员方服务贸易额高达 4 万亿美元，约占全球总额的 70%。从规则标准来看，CPTPP、TTIP 和 TISA 侧重点不同，TISA 强调服务贸易及投资自由化，CPTPP 和 TTIP 则延伸至生产环节及经济体制领域，但三者存在交叉、具有共性，均突破了传统的自由贸易区模式，更加关注长期规则制定，寻求达成无例外的综合性自由贸易协议。三大协议覆盖广、标准高，协议达成后，有望形成面向 21 世纪的高标准全球贸易与投资规则。同时，各种多边、双边协定迅猛发展。当前，《区域全面经济伙伴关系协定》（RCEP）是世界上人口最多、经贸规模最大、最具发展潜力的自由贸易区。2022 年 1 月 1 日，我国已正式加入 RCEP 成为成员国，同时也已递交了加入 CPTPP 的申请。

新规则给我们带来了很大挑战的同时也带来了重要机遇，我们需要密切关注，积极采取应对之策：要接轨国际惯例与规则，进行新一轮高水平的开放型经济体制机制建设；要扩大开放领域，服务业领域成为重点；要提升开放能级，更多地引进跨国公司地区总部等功能性机构；要双向开放提升价值链层级，“走出去”要注重形成研发、品牌、营销相结合的综合优势；要加快开放载体的转型升级，探索自由贸易区各项功能创新，以开放倒逼改革，进而促进审批制度、投资制度、国有企业等重点领域攻坚。在全球贸易与投资规则调整中，作为开放前沿的海关必然要跟上国家经济开放提升战略的步伐，从海关管理现代化进程中体现出来。

第二，WCO 积极推动全球供应链安全与便利化发展，加强成员海关的现代化建设，力倡客户导向，强调“海关与商界之间的伙伴关系”。我国海关需要适应国际海关发展大趋势。

“9·11 恐怖袭击事件”后，WCO 在 2002 年 6 月通过的《海关合作理事会关于国际贸易供应链安全与便利决议》中，将保障贸易安全作为国际海关面临的重大挑战，把推进各成员加入《关于简化和协调海关制度的国际公约》（以下简称《京都公约》）、通关数据标准化、电子数据预交换、风险管理、行政互助、技术援助等列为贸易安全与便利的保障措施。2005 年 6 月，WCO 进一步通过了《全球贸易安全与便利标准框架》（以下简称《标准框架》）等一系列标准。一些发展中国家（地区）海关重新审视海关在国家（地区）安全战略中的定位，开始注重促进贸易便利与维护安全并重。2006 年 1 月，WCO 宣布启动“哥伦布计划”，意在实施《标准框架》，加强成员海关的现代化建设。在 2008 年 6 月的 WCO 年会上，各成员讨论通过了以“实现贸易便利和边境安全，提高发展水平”为主题的《21 世纪海关》蓝图文件。《21 世纪海关》蓝图的建设，以《京都公约》和《标准框架》确立的海关现代化原则为基础。贸易安全与便利作为海关现代化的核心内容已然成为 WCO 和各成员的共识。

为了推进贸易安全与便利化，WCO 开始引入风险管理，倡导海关与企业之间的伙伴关系。1999 年 WCO 修订《京都公约》时将风险管理纳入“京都公约海关监管职能”，开始提及海关与企业之间的伙伴关系。海关风险管理所要解决的关键问题就是海关如何进行管理激励机制设计以促进海关与企业之间的伙伴关系。2005 年 6 月，WCO 通过的《标准框架》明确提出海关监管应引入风险管理理念，并再次强调“海关与企业之间的伙伴关系”是全球供应链安全与便利的支柱之一，其核心在于倡导守法便利并建立国际化的企业信用认证体系——AEO（Authorized Economic Operator）制度。2006 年，WCO 批准通过了《AEO 实施指南》，细化完善了一整套关于 AEO 资格、安全措施、评估认证、相互承认等有关标准和程序，与《标准框架》同步推进实施，AEO 计划基本形成。2008 年，《21 世纪海关》指出，应与值得信任的经营者建立战略伙伴关系。我国 2008 年修订的《中华人民共和国海关企业分类管理办法》引入了 AEO 制度，海关全面深化改革后加速推进企业 AEO 认证，并积极推动与“一带一路”沿线国家（地区）开展 AEO 国际互认。

此外，世界贸易组织（World Trade Organization，WTO）、WCO 等组织出台了一系列相关的国际海关制度（如 WTO 制定的《海关估价协议》《原产地规则协议》，WCO 制定的《京都公约》《商品名称及编码协调制度公约》等），海关国际制度趋于规范与统一。我国正进一步提升对外开放水平、日益融入全球化，海关国际制度为我国海关管理现代化建设提供了参照的标准，海关管理体制机制也需要相应的标准化改革与调整。

第三，我国“五位一体”科学发展战略总布局为海关管理体制机制的完善赋予了新的内涵，2018 年进出境检验检疫管理职责与队伍划入海关之后，海关统筹进出境安全监管与贸易便利化发展的任务更加艰巨，传统与新衍生的非传统职能的重要性日益凸现。

自 2012 年党的十八大起，我国着眼于现代化建设与民族复兴事业，确定了经济建设、政治建设、文化建设、社会建设、生态文明建设“五位一体”的科学发展战略总布局。在经济全球化进程中，政治、文化、社会与生态要素的全球流动也更加频繁，非传统安全问题逐步成为海关管理的重要内容，也上升为检验海关管理能力的重要因素。随着我国经济的持续发展，人们对于政治、文化、社会与生态环境方面的需求越来越强烈。这要求海关不仅要继续围绕经济建设与开放履行职责，还要为维护政治稳定、推动先进文化交流、促进社会和谐、保护生态环境等发挥积极作用。2018 年，进出境检验检疫管理职责与队伍划入海关时，进出境卫生检疫、动植物检验检疫、食品化妆品安全检验检疫、商品质量检验等职责也一并划转海关，海关如何统筹进出境安全监管与贸易便利化发展面临着新的重大考验，海关在维护国家经济、政治、文化、社会和生态安全方面的任务将更加艰巨。要保障合法、合理、有序的贸易安全与便利，一方面海关要继续承担好原有的监管、征税、缉私、统计等法定职能以及检验检疫职能，另一方面要承担起海关稽查与核查、保护知识产权、反恐怖、反洗钱、防止核扩散、保护公共卫生安全、保护生态环境和自然资源等拓展职能。

第四，随着云计算、AI、大数据时代的信息化与互联网的发展，国际贸易出现很多新业态，对海关管理提出了新挑战，新阶段的全球贸易形势也要求海关有新作为。

云计算、大数据、互联网等技术发展与进步，有力地推动和促进了海关管理电子化，国际海关间、口岸相关部门间、海关与进出口企业间的互联互通和协同治理都具备了一定的技术支持；同时，云计算、大数据、互联网等技术的发展，也带动了跨境电子商务等新型业态的兴起，对海关业务管理提出了新的要求。总之，对海关管理在推进贸易安全与便利化发展上，这既是一个重要机遇，也是一个巨大挑战。海关作为国家的进出境监督管理机关，对进出境的国际物流、客流活动负有监管责任。随着新技术发展与新业态兴起，海关在监管中时刻面临着更多的业务执法风险，并要面对一定的潜在冲突与管理危机。海关管理围绕目标实现的机制需要适应新形势、运用新技术做出创新性的适时应对调整。

当前全球贸易形势进入一个新阶段，我国产业与贸易在世界范围的发展需要更高水平开放、更高质量发展。为此，我国先后建设了 21 个自由贸易试验区和海南“自由贸易港”，积极通过窗口试验接受新挑战、觅得新机遇、探寻新路径新机制，并实现产业与贸易发展的新突破。发展是硬道理，海关作为国家的进出境监督管理机关，如何统筹贸易便利化发展与安全监管，在促进我国贸易发展方式转型升级中需要全面深化改革并积极参与。新时代有新作为，海关管理的体制机制自然而然地需要进一步更新进步。

综上而言，在新形势与新挑战中如何更好地实现“把关”与“服务”的统一，这些海关管理现代化的前沿问题研究具有重要理论价值与现实意义，也具有非常明显的迫切性。

我国海关积极服务国家战略，应对国际贸易形势的变化，出台了一系列政策举措，进行了大量的创新性探索。理论来源实践，并指导实践，海关管理现代化前沿问题的理论研究需要紧密跟踪业务改革的实践，提炼规律性，更好地指导、服务于我国海关改革的前瞻方向和体制机制构建。

海关管理是海关依法对进出境的物品、货物与运输工具，进行监督管理以维护国家安全的活动与行为，主要有涉税性监管、禁限类监管与检验检疫安全监管三类。海关管理活动的主线是海关风险管理，海关坚持“由企及物”理念，通过对所有各类涉及国家安全的风险信息进行搜集甄别研判处置，确保全域全链条的海关安全与风险治理。海关管理活动的目的，是在对进出境物品货物与运输工具进行监督管理中保障国家安全，即实现海关安全治理。

从发展趋势来说，海关管理活动在技术方面需要向海关数字治理迈进，在场域方面需要突出海关安全与空间治理，在制度层面需要加强海关国际治理。海关数字治理，是在国家倡导数字政府大背景下结合近年来智慧海关建设的政策及其取得的成绩所进行的重要理论提炼和内容改造，包含海关大数据、单一窗口、智慧海关、海关智能审图、区块链海关运用等方面的探索。海关安全与空间治理，是着眼于“边境管理”向“边境内管理”的根本转变，海关监管由口岸事中监管向后续稽查转变，从海关口岸监管、综合保税区监管，到自贸试验区、自贸港的海关管理，海关治理在不同空间采用了不同监管或管理政策措施，也存在不同的作用机制与路径。海关国际治理，作为国际海关制度课程的改造提升方向，可以考虑以下内容：WCO 及 WTO 等国际组织中涉及的海关制度、先进国家（地区）的海关制度、多边与双边自贸协定中的海关制度、我国海关参与 WCO 及 WTO 等国际组织的行动、我国海关参与多边双边自贸协定的举措，落脚点在于最后两部分。为此，海关管理现代化研究与我们的学科建设需要以海关安全与风险治理为核心，重点聚焦于海关数字治理、海关安全与空间治理、海关国际治理。

“海关管理现代化前沿”蓝皮书，就是我们多年想做，并一直在努力做的一项重要的理论创新与基础研究工作。它是学校“海关智库”长期建设的重要积淀，也是学校“海关智库”建设服务海关改革、服务于国家战略的重要途径。同时，它也是学校海关管理学科发展与国家一流本科专业建设的重要成果，是学校“十四五”规划谋求学科发展新突破的重要探索。

《面向跨境供应链合规的信息协同机制研究》受益于教育部人文社会科学研究青年项目的资助，重点致力于海关与商界“伙伴关系”的协同治理，是海关数字治理、海关安全与空间治理和海关国际治理的交叉综合性成果。该项成果作为2022年度“海关管理现代化前沿”蓝皮书，也是我们系列成果的第一本专著，值得纪念与祝贺。

是为序。

上海海关学院校长　从玉豪

2022年8月31日

前言

党的十九届五中全会提出，要“加快构建以国内大循环为主体、国内国际双循环相互促进的新发展格局”，跨境供应链作为承载双循环的重要载体，是连接国内国际两个循环的关键纽带，也是推动双循环相互促进的重要力量。近期在中美经贸摩擦、新冠疫情蔓延、俄乌冲突爆发等多个风险因素叠加影响的情况下，跨境供应链风险陡增，给我国的产业链、供应链带来较大冲击。供应链安全与稳定的重要性和迫切性得到党和国务院的高度重视。2020 年，习近平总书记在《国家中长期经济社会发展战略若干重大问题》指出，要优化和稳定产业链、供应链，并强调产业链、供应链在关键时刻不能掉链子。2022 年 9 月，习近平总书记在产业链供应链韧性与稳定国际论坛的贺信中指出，维护全球产业链供应链韧性和稳定是推动世界经济发展的重要保障。

一直以来，信息协同都是供应链管理的重要议题。在跨境供应链背景下，由于涉及的参与主体众多，不同主体间存在大量信息交互，但信息缺乏透明、呈现数据碎片化的情况，不仅增加了供应链协调的难度，更增加了监管风险。2020 年，世界海关组织秘书长御厨邦雄在接受汤森路透的专访时指出，新冠疫情暴露出跨境供应链缺乏信息透明这一突出的“瓶颈”，需要增进跨境供应链各方的信息交流确保跨境供应链合规与贸易便利化的顺利实现。2022 年，世界海关组织将当年的世界海关日主题确定为“通过拥抱数据文化和构建数据生态系统来扩大海关数字化转型”，凸显了海关与供应链各参与方进行合作共同实现跨境供应链信息协同的迫切性。

事实上，在过去的十几年里，在面向跨境供应链合规信息协同的领域，各国（地区）海关和企业共同开展了多项创新实践，如欧盟税务和海关同盟总局（以下简称“欧盟海关联盟”）发起的 ITAIDE 项目、CASSANDRA 项目和 CORE 项目等。与之呼应的，我国海关倡导的智慧海关、智能边境、智享联通“三智”建设倡议也强调了跨境供应链各方信息协同的重要性，“推动信息共享，强化联防联控，打造边境管理部门跨界跨境联通共治”“联合全球供应链各方共促贸易安全与便利”。

近年来，区块链、物联网等新技术的应用，促进跨境供应链的信息协同，提高合规性的同时为增强贸易便利化提供了机会，也涌现了一批成功试点项目，如天津口岸区块链验证试点项目、青岛海关报关单数据分享系统和马士基的 TradeLens 项目等，为口岸监管部门和企业开展面向跨境供应链合规的信息协同创新提供了宝贵经验。

在此背景下，本书的工作主要包括以下几个方面。第一，界定跨境供应链的概念，剖析跨境供应链的特征。第二，梳理跨境供应链的信息传递主体、信息系统及信息传递流程，考察面向跨境供应链合规信息传递的特殊性、存在的问题及其成因。第三，多方面搜集和整理了研究资料，得出国际海关跨境供应链合规与信息协同的多种实现方式，包括世界海关组织提出的跨境供应链一体化管理、英国海关提出的数据管道、欧盟海关联盟提出的企业数据再利用和运用外部数据加强海关风险管理这四种解决路径。第四，对实现跨境供应链信息协同的自愿数据共享案例进行研究。通过跨境贸易管理大数据平台、全球质量溯源系统和荷兰优荷花品鲜花供应链三个典型案例，揭示企业自愿向政府共享数据的合作实现过程与激励机制，并在此基础上进一步得出面向跨境供应链信息协同的政企数据合作机制。第五，探讨了基于区块链技术的跨境供应链信息共享机制，总结了国内外面向跨境供应链合规的主要区块链试点项目，并指出区块链应用于跨境供应链合规与信息协同的挑战与对策。

本书主要在以下几方面实现了突破和创新，第一，基于供应链合规的视角将国内供应链拓展至跨境供应链，将进出口监管部门纳入研究对象，拓展了传统供应链管理研究对象的外延，更能反映跨境供应链的全貌。第二，将现有“供应链信息协同”领域的研究从企业间协同拓展到企业与监管部门之间的信息协同，更能真实体现跨境供应链信息协同的现实需求。第三，本书的内容涵盖了世界海关范围内面向跨境供应链合规的信息协同领域多项主要应用实践，提炼出的研究成果不仅有助于改善监管部门的数据质量，提升监管效率，也有助于增进企业信息协同的意愿，促进跨境供应链信息的完整性和透明性，提高跨境供应链合规水平。

本书是教育部人文社会科学基金青年基金项目（19YJC630235）的

资助成果，同时也是上海海关学院海关与公共管理学院“海关管理现代化前沿”蓝皮书系列著作之一。在本书撰写的过程中，得到了上海海关、福州海关、青岛海关、天津海关等多个单位的大力支持，获得了瑞士跨境研究协会（Cross-border Research Association）Juha Hintsa 博士，以及荷兰代尔夫特理工大学 Yaohua Tan 教授和 Boriana Rukanova 博士提供的宝贵资料，对此一并表示衷心感谢，同时也感谢中国海关出版社有限公司编辑团队的辛勤付出。

目　录

第1章 绪 论

1.1 研究背景

过去的二十多年里，在经济全球化的推动下，世界各国（地区）将注意力从国内贸易转移到国际贸易，各国（地区）经济交往愈加频繁，国际贸易规模不断扩大，跨境供应链每年都会促成价值数万亿美元的国际贸易。随着国际贸易水平的提高，跨境供应链也变得越来越复杂，涵盖了从供应链中的最终用户到原材料供应商的所有参与者，形成一个由众多企业构成的复杂实体网络且必须无缝衔接采购、制造和交付的过程。物流复杂性、供应商的沟通问题、地缘政治的不确定性、汇率波动等诸多因素都增加了跨境供应链的风险。跨境供应链的复杂性，对所有的跨境供应链管理者而言都是一个不小的挑战。

法律和政治环境是影响跨境供应链的一个重要因素，合规对跨境供应链运作的重要影响日益引起各方关注。近年来，美国和欧盟等发达国家（地区）和经济体不断强化对跨境供应链合规的监管力度，使得我国企业在国际贸易和跨境供应链运作中面临着更多风险和挑战。据调研，23%的跨境供应链受到港口清关延迟的影响，[①] 政府监管部门对跨境供应链合规的各项要求直接影响了企业的供应链决策。如果企业合规水平较高，获得了高级认证企业，便可以享受低进出口查验率等更多的通关便利和优惠；如果企业合规水平较低，不仅将受到行政处罚，而且会导致交货期延误甚至供应链中断。

跨境供应链涉及的参与主体众多，既包括出口商、承运人、货代、报关行、进口商等企业，也包括进出口国家（地区）的多个政府监管部门，不同主体间存在大量信息交互，但各类信息被离散地保存在各个环节各自系统内，信息缺乏透明，呈现数据碎片化的情况，这不仅增加了跨境供应链协调的难度，也增加了监管风险。因此，各参与主体的信息协同在跨境

① Ferrer J, Karlberg J, et al. Integration: the key to global success [J]. Supply Chain Management Review, 2007, 11 (2): 24-30.

供应链管理中具有重要意义，也是降低供应链牛鞭效应、提升供应链的可视性和可追溯性的有效方式。

目前，口岸监管部门普遍采用基于信息系统的数据驱动监管模式，因此信息协同是实现跨境供应链合规的必要条件。企业需要在进出口环节将货物的相关信息和随附单证等向监管部门（主要是海关）进行电子申报，海关通过数据交换、预先申报的方式进行风险评估、选择查验和后续稽查。为保障跨境供应链安全并提升监管效率，各国（地区）口岸监管部门对企业的数据申报和传输在各国（地区）的海关法中有明确的监管规定，如各国（地区）提前申报货物的信息规定等。但在现实中仍存在很多问题，影响了跨境供应链合规水平，例如，信息不对称导致企业申报不符、企业和监管部门之间的系统接口不够完善、在司法管辖权的制约下任何一国的监管部门都较难实现对跨国贸易全链条的信息采集等。

面对跨境供应链信息缺乏透明度而带来的合规问题，信息协同受到口岸监管部门和企业的共同关注。世界海关组织（World Customs Organization，WCO）在《全球贸易安全与便利标准框架》① 中纳入了《供应链一体化管理指南》（ISCM Guidelines）②，用于指导跨境供应链的企业与海关之间、各国（地区）海关之间的信息传递。英国海关提出了“数据管道”（Data Pipeline）的概念，倡导建立跨境供应链的信息传输通道，从而“从源头获取准确完整的数据”。欧盟海关联盟也开展了 CORE（Consistently Optimised Resilient Secure Global Supply Chains）项目③，旨在提升合法贸易和物流的效率、速度及可靠性，同时提高全球贸易监管的有效性。

在此背景下，本书针对跨境供应链中数据传递和信息交流障碍导致的合规风险，基于企业和监管部门对贸易安全与便利的共同诉求，旨在通过研究建立有效信息协同机制，增强企业和监管部门之间的信息传递质量和信息共享意愿，从而促进跨境供应链合规水平的提升。

---

① http：//www.wcoomd.org/en/topics/facilitation/instrument-and-tools/frameworks-of-standards/safe_package.aspx .

② http：//www.wcoomd.org/-/media/wco/public/global/pdf/topics/facilitation/instruments-and-tools/tools/safe-package/guidelines-on-iscm.pdf? la=en.

③ http：//www.coreproject.eu/.

1.2 研究意义

本书的研究意义主要体现在以下两个方面。

（1）对跨境供应链而言，口岸监管部门是一个不可忽视的组成部分，既扮演着供应链成员和监管者的双重角色，也承担着兼顾贸易便利与供应链安全的双重责任。本书将口岸监管部门纳入研究对象，将监管法规加入供应链决策的考虑因素，有助于真实反映跨境供应链运作的全貌，拓展传统“供应链管理”研究对象的外延。同时，跨境供应链的信息交互不仅涉及企业间信息协同，还需要加强企业与监管部门之间的合作，从而实现企业与监管部门之间的信息协同。但现有供应链信息协同领域的研究大多关注企业间信息的共享与激励机制的设计，跨境供应链监管部门和企业之间信息协同的行为动机和激励机制研究较少，有待丰富完善。

（2）合规的概念起源于西方发达国家，在跨境供应链领域得到了企业和政府部门的共同关注。我国作为世界货物贸易第一大国，跨境供应链合规要求对企业运作影响很大，但目前跨境供应链合规的成果主要来自国外研究者，在我国学术界尚未得到足够关注。对政府监管部门而言，需要改善跨境供应链信息的完整性和透明度，加强监管部门的数据质量，提升基于数据驱动的监管效率，进而提升我国企业的跨境供应链合规水平，保障供应链安全与贸易便利。对进出口企业而言，需要增强合规意愿和能力，提高跨境供应链管理水平，减少跨境物流的不确定性，增加跨境供应链运作的可预见性，提升跨境供应链绩效。

1.3 研究目标

本书针对跨境供应链中数据传递和信息交流障碍导致的合规风险，要解决的主要问题为：如何通过建立有效的信息协同机制，改善企业和监管部门之间的信息传递质量和信息共享意愿，提升跨境供应链合规水平？具体研究的三个子问题分别为：第一，对企业的信息协同意愿监管部门如何建立有效的激励机制，提升企业信息协同的意愿和效果？企业和政府部门分别如何受益？第二，政企互信关系如何影响信息协同效果？如何构建政企数据合作信任机制？第三，如何从技术层面构建有效的信息传递平台，促进跨境供应链信息协同？

本书的研究目标主要包括以下几个方面。

（1）对跨境供应链的信息传递流程与协同问题进行系统分析，探讨以合规为目标的跨境供应链信息协同的特殊性，进而明确其面临的主要问题和成因。

（2）对国际海关跨境供应链合规与信息协同解决路径进行深入调查和研究，剖析信息协同的实现方式、特点和共同理念，为跨境供应链合规与信息协同的激励机制、信任机制和数据共享机制研究提供材料和理论支持。

（3）以企业和监管部门对贸易安全与便利的共同需求为出发点，通过案例研究如何激励企业自愿向监管部门共享合规相关的数据，实现跨境供应链信息协同。

（4）构建多维度分析框架探讨政企数据合作的模式差异，归纳影响政企数据合作的因素，探讨政企数据合作如何创造公共价值。

（5）研究跨境供应链合规与信息协同的数据共享机制，从技术层面探索面向跨境供应链合规的进出口信息传输平台和数据管道的构建。

1.4 研究内容

本书共八章，各章的主要内容如下：

第一章是绪论。分析了跨境供应链合规面临的环境及信息协同的必要性，在此基础上提出本书的研究意义、研究目标、研究内容和研究方法。

第二章是跨境供应链合规与信息协同的研究述评。对相关研究文献进行回顾，包括供应链可视性与信息协同、跨组织边界的信息共享和面向跨境供应链合规的信息协同。

第三章是跨境供应链合规的概念与内涵界定。首先，界定跨境供应链的概念，分析跨境供应链的特征。其次，对跨境供应链合规的概念进行辨析，指出跨境供应链合规的驱动因素，并介绍海关视角下跨境供应链合规的经验做法。

第四章是跨境供应链信息传递与协同问题分析。梳理跨境供应链的信息传递主体、信息系统及信息传递流程，考察面向跨境供应链合规信息传递的特殊性，分析跨境供应链合规与信息协同中存在的问题及其原因。

第五章是国际海关跨境供应链合规与信息协同的解决路径。分别阐释了世界海关组织提出的跨境供应链一体化管理、英国海关提出的数据管道、欧盟海关联盟提出的企业数据再利用和运用外部数据加强海关风险管理这四种解决路径与启示。

第六章是实现跨境供应链信息协同的政企数据合作案例分析。通过跨境贸易管理大数据平台、全球质量溯源系统和荷兰优荷花品鲜花供应链三个典型案例，揭示企业自愿向政府部门共享数据的合作实现过程与激励机制。

第七章是面向跨境供应链信息协同的政企数据合作机制研究。基于案例分析结果，通过构建多维度框架分析比较政企数据合作的不同实现形式，得出政企数据合作的影响因素和公共价值实现路径，并提出启示与建议。

第八章是基于区块链技术的跨境供应链信息共享机制。基于区块链赋能跨境供应链的技术优势，总结了国内外面向跨境供应链合规的主要区块链试点项目，并指出区块链应用于跨境供应链合规与信息协同的挑战与对策。

1.5　研究方法

案例研究法适用于知识建立的探索、归纳和假设发展阶段，尤其适合解释“为什么”和“怎么样”的问题。[①] 目前，面向跨境供应链合规的信息协同实践项目大多处于开拓性的试点阶段，因此本书采用案例研究方法进行探索性研究，分析监管部门和跨境供应链企业间信息协同的激励如何实现，能产生怎样的公共价值；企业自愿数据共享如何达成，信任关系如何构建；如何通过区块链技术建立跨境供应链信息协同的数据共享机制。

跨境贸易管理大数据平台案例的数据主要通过半结构化访谈、档案资料和文献资料等方式收集，主要来自包括海关、企业和互联网信息三个方面。海关层面，在上海海关对跨境贸易管理大数据平台进行实地调研，与风险管理和技术部门的相关关员进行多次深度访谈。了解的数据资料包括项目发起动因、海关动员企业参与的过程、企业自愿数据共享数据的方式、范围以及合作效果。企业层面，与加入跨境贸易管理大数据平台的 V 公司跨境物流部门高级经理进行深度访谈。V 公司是一家大型整车制造领域的合资企业，也是第一批加入上海海关跨境贸易管理大数据平台试点的企业之一。访谈了解了企业加入平台的动机、数据共享流程和企业受益情

① Benbasat I, Goldstein D, et al. The Case research strategy in studies of information systems [J]. MIS Quarterly, 1987, 23: 369-391.

况。互联网层面，从互联网检索到跨境贸易管理大数据平台的相关文献资料、网站新闻报告以及海关微信公众号的文章共计二十余篇。

全球质量追溯系统案例的数据主要通过访谈、现场调研、文件报告和文献资料等方式收集。首先，通过电话访谈了广州南沙海关最初参与全球质量追溯系统项目建设的关员，由其提供有关企业加入该项目的动因、方式和各方获益的详细信息。其次，在福州海关及隶属的平潭海关进行实地调研，与负责该项目的福州海关综合业务处等部门、参与该项目保税物流企业、跨境电商代表企业以及负责系统技术支持的 IT 企业进行了座谈，进一步了解跨境电商"全球溯源"监管模式的运行机制和创新成效，并对相关海关监管现场、物流和仓储企业进行了现场走访。最后，从互联网对全球质量贸易溯源系统创新在关检融合前后的论文、案例、新闻报道进行收集和整理。

荷兰优荷花品鲜花供应链案例数据主要通过现场调研、访谈、文件报告和文献资料等方式收集。首先，通过相关文献了解荷兰优荷花品鲜花供应链案例的基本情况，其次，在荷兰鹿特丹港口调研，听取参与该公司项目的两位来自荷兰代尔夫特理工大学的技术专家和货代公司德迅（Kuehne + Nagel，简称"K+N"）相关负责人的介绍，并参观了该公司在鹿特丹港口的进口花卉中转仓库现场。

在区块链技术下的跨境供应链信息共享机制分析案例中，国内的天津海关试点、青岛海关的报关单数据分享系统以及青岛海关隶属威海海关的跨境寄递进出口平台三个案例的数据来自对三个海关的实地调研，以及文献收集和新闻报道。调研内容包括海关开展的区块链项目创新试点情况，如区块链项目应用的场景、目前参与该项目试点的企业类型和数量、不同供应链角色在项目上共享的数据和各参与方可以访问的数据范围权限，以及企业和海关如何从区块链项目获益等。实地调研对象来自天津海关科技处，青岛海关科技处、综合业务处和企业管理处等，青岛海关隶属威海海关的科技科和驻邮局办事处快件监管科。国外的跨境供应链区块链案例的主要数据来自文献资料，其中，马士基就 TradeLens 案例还以座谈和电话的方式听取了该公司驻上海相关部门负责人对该项目的介绍。

第2章 跨境供应链合规与信息协同的研究述评

2.1 供应链可视性与信息协同

跨境供应链需要全球物流的支持，而有效的物流支持不仅是指简单地将货物从原产地转移到目的地，还需要辅以信息流的有效传递。供应链中几乎每一个决策和流程都是由信息驱动的，[①]如果出口商和进口商之间没有形成有效的信息流，货物将无法在全球供应链中平稳流通。

Tse 和 Tan 将供应链可见性定义为“供应链过程的可追溯性和透明度”，[②] 供应链缺乏可视性将增加供应链被干扰而中断的脆弱性，因此也得到相关研究者的广泛关注。[③④] 供应链成员之间的信息共享可以协调订单并减少牛鞭效应。[⑤] 但当客户和供应商遍布全球时，供应链成员可能不了解供应链其他部分的流程信息，这就增加了跨境供应链中共享信息的挑战。[⑥] 供应链成员也受到规模复杂性、产品复杂性、地域分散性等多种供应链因素的影响。[⑦] 近年来，随着新兴技术快速发展，区块链和物联网等新技术

---

① 供应链管理专业协会（CSCMP），吉布森，汉纳，等. 供应链管理综合实战：战略实施、信息协同、流程优化与绩效评估［M］. 北京：人民邮电出版社，2021：153.

② Tse Y K, Tan K H. Managing product quality risk and visibility in multi-layer supply chain [J]. International Journal of Production Economics, 2012, 139 (1): 49-57.

③ 张丽丽，潘瑞玉，周根贵. 供应链的牛鞭效应与可视性［J］. 商业研究，2003 (24): 179-181.

④ Ouyang Y. The effect of information sharing on supply chain stability and the bullwhip effect [J]. European Journal of Operational Research, 2007, 182 (3): 1107-1121.

⑤ Lee H L, Whang S. Information sharing in a supply chain [J]. International Journal of Technology and Management, 2000, 1 (1): 79-93.

⑥ Shore B. Information sharing in global supply chain systems [J]. Journal of Global Information Technology Management, 2001, 4 (3): 27-50.

⑦ Roy V. Contrasting supply chain traceability and supply chain visibility: Are they interchangeable? [J]. The International Journal of Logistics Management, 2021, 32 (3): 942-972.

也被用于提升供应链的可视性。[①②]

供应链可视性被认为是跨组织边界协作的关键，对供应网络的竞争力至关重要。[③]研究人员和从业者也证明了供应链可视性的重要性和好处。Brent 等人证明了提高供应链可视性可以提高全球供应链的响应能力，[④] Zhang 等人的研究指出全球物流运营商都受益于端到端供应链的可视性影响，[⑤] Pradhan 和 Routroy 研究表明通过与供应商建立合作关系来提高供应链可视性可以改善供应链绩效。[⑥] 刘珂构建了供应链可视性与企业绩效的理论模型，他的研究结果证实了供应链可视性对供应链敏捷性的直接正向影响。供应链敏捷性对企业绩效有直接正向影响且在供应链可视性与企业绩效间呈现完全中介作用。[⑦] 江怡洒通过实证研究发现供应链可视性在大数据分析能力与大规模定制能力间的中介作用影响。[⑧] 总之，供应链信息管理的目标是提高可视性，促进供应链信息协同。

然而，在跨境供应链背景下，由于供应链网络的复杂性增加，信息不透明的问题十分突出。[⑨] 如果没有适当的 IT 解决方案，许多物流经理将其

---

① Rogerson M, Parry G C. Blockchain: case studies in food supply chain visibility [J]. Supply Chain Management, 2020, 25 (5): 601-614.

② Ahmed S, Kalsoom T, Ramzan N, et al. Towards supply chain visibility using internet of things: a dyadiċ analysis review [J]. Sensors (Basel, Switzerland), 2021, 21 (12): 4158.

③ Paul, A, Bartlett, et al. Improving supply chain performance through improved visibility [J]. The International Journal of Logistics Management, 2007, 18 (2): 294-313.

④ Williams B D, Roh J, et al. Leveraging supply chain visibility for responsiveness: The moderating role of internal integration [J]. Journal of Operations Management, 2013, 31 (7-8): 543-554.

⑤ Zhang A N, Goh M, Meng F. Conceptual modelling for supply chain inventory visibility [J]. International Journal of Production Economics, 2011, 133 (2): 578-585.

⑥ Pradhan S K, Routroy S. Improving supply chain performance by supplier development program through enhanced visibility [J]. Materials today: proceedings, 2018, 5 (2): 3629-3638.

⑦ 刘珂. 供应链可视性、敏捷性与企业绩效的关系研究 [J]. 价格理论与实践, 2019 (12): 141-144+184.

⑧ 江怡洒. 大数据分析能力与供应链可视性对大规模定制能力的影响 [D]. 哈尔滨工业大学, 2021.

⑨ Steinfield C, Markus M L, Wigand R T. Through a glass clearly: standards, architecture, and process transparency in global supply chains [J]. Journal of Management Information Systems, 2011, 28 (2): 75-108.

运输系统描述为一个“黑洞”，即货物在交付给承运人之后，在货物交付之前，托运人或收货人都无法获得任何信息。[①] 目前运输或物流环节往往仅连接了供应链上下游两个节点，无法实现整个跨境供应链的可视性。根据 Haywood 和 Peck 的研究结果，目前供应链中的可视性仅限于客户和一级供应商之间，很难实现全供应链真正的可视性。[②] 其他上游和下游供应链中获取准确信息的途径并不明确。[③]

为此，研究人员提出通过不同的方法来提高供应链的可视性。[④] Humphreys 研究指出，在 IT 基础设施的支持下组织间信息系统（Inter-organizational Information System，IOIS）创造的竞争优势可以扩展到重点企业之外，上游和下游企业都可以从全球供应链环境中的 IOIS 中受益。[⑤] 射频识别（RFID）等跟踪和追踪系统也被广泛用于实现供应链端到端的可视性，Zhou 证实了 RFID 的实施增强了供应链的可视性。[⑥]

由于各国（地区）政府负责国际贸易政策的制定、执行和国际贸易活动的监管，因此各国（地区）的口岸监管部门也需要借助跨境供应链的可视性来做出科学决策。在“9·11”事件后，美国政府开发了一个全球贸易系统，即贸易数据交换（Trade Data Exchange）系统。该系统创建了一个可实现货物可视性和完整性的网络，以实现进出口商、承运人、货运代理、经纪人、金融机构和跨境供应链沿线的政府部门间的数据交换。[⑦]

---

① Sheffi Y, Rice Jr J. A supply chain view of the resilient enterprise [J]. MIT Sloan Management Review, 2005, 47 (1): 41-48.

② Haywood M M, Peck H. Supply chain vulnerability within UK aerospace manufacturing: development of a vulnerability management toolkit [J]. Supply Chain Practice, 2004, 6 (1): 72-83.

③ Svensson G. Key areas, causes and contingency planning of corporate vulnerability in supply chains [J]. International Journal of Physical Distribution & Logistics Management, 2004, 34 (9): 728-748.

④ Musa A, Gunasekaran A, Yusuf Y. Supply chain product visibility: Methods, systems and impacts [J]. Expert Systems with Applications, 2014, 41 (1): 176-194.

⑤ Humphreys P K, Lai M K, Sculli D. An inter-organizational information system for supply chain management [J]. International Journal of Production Economics, 2001, 70 (3): 245-255.

⑥ Zhou W. RFID and item-level information visibility [J]. European Journal of Operational Research, 2009, 198 (1): 252-258.

⑦ Kothmann D. Global trade system: Development update. In: Risk Management In Port Operations, Logistics and Supply Chain Security [M]. NY: Informa Law, 2007: 35-54.

Oosterhout 等人提出构建供应链各方连接至港口的全链可视性平台，并整合来自供应链参与者、港口信息共享系统、核检测基础设施和政府系统的本地信息，以增强海运集装箱运输的供应链安全。①

英国海关的 Hesketh 提出了“数据管道”的概念，即用基于网络且无缝集成的数据管道获取来自跨境供应链上游的货物数据，从而降低全球贸易中的信息碎片情况。②③ 这一概念一经提出就引起了学术界和海关当局的广泛关注，世界海关组织也特别强调数据管道对保护和保障全球供应链的重要作用。④ 各国（地区）研究者纷纷致力于探索数据管道概念落地实现的措施，例如，Hulstijn 等人讨论了确保供应链信息和相关货物流完整性的控制措施，以确保虚拟数据管道的完整性。⑤ 同时，各国（地区）海关也意识到建立数据管道需要企业和海关的共同努力，因为企业和政府都可以从提高跨境供应链的可视性中受益。⑥ 但跨国政府部门之间信息共享的困难也值得关注，跨境因素（如市场力量和贸易流）、各国（地区）政府的政策、口岸的政治影响力和文化因素等都将影响跨境信息的共享。⑦ Baah 等人的研究充分证实了供应链的合作与可视性、利益相关者的互信、外部

---

① Oosterhout M, Veenstra A W, Meijer M, et al. Visibility platforms for enhancing supply chain security: A case study in the Port of Rotterdam [C]. Proceeding of the International Symposium on Maritime Safety, Security and Environmental Protection. Athens. 2007.

② Hesketh D. Seamless electronic data and logistics pipelines shift focus from import declarations to start of commercial transaction [J]. World Customs Journal, 2009, 3 (1), 27-32.

③ Hesketh D. Weaknesses in the supply chain: who packed the box? [J]. World Customs Journal, 2010, 4 (2), 3-20.

④ WCO, 2018. WCO Customs Guidelines on Integrated Supply Chain Management-ISCM Guidelines, [EB/OL]. http://www.wcoomd.org/-/media/wco/public/global/pdf/topics/facilitation/instruments-and-tools/tools/safe-package/guidelines-on-iscm.pdf?la=en.

⑤ Hulstijn J, Overbeek S, Aldewereld H, et al. Integrity of supply chain visibility: Linking information to the physical world [J]. CAiSE Workshops, 2012.: 351-365.

⑥ Klievink B, van Stijn E, Hesketh D, et al. Enhancing visibility in international supply chains [J]. International Journal of Electronic Government Research, 2012, 8 (4): 14-33.

⑦ Navarrete C, Gil-Garcia J R, Mellouli S, et al. Multinational E-Government collaboration, information sharing, and interoperability: An integrative model [C]. Hawaii International International Conference on Systems Science. IEEE Computer Society, 2010: 1-10.

环境与供应链绩效之间存在显著的正相关性。[①]

2.2　跨组织边界的信息共享

提升供应链可视性需要整个供应链的信息共享，而跨境供应链各参与主体之间的信息共享属于跨组织边界（Cross-boundary）的信息共享。跨组织边界信息共享被定义为团体、部门和组织等实体之间通过不同信息系统或电信技术之间的协作或互联，从而实现以共同的概念模式共享数据。[②]其核心组成内容包括相互信任的社会网络、信息共享、数据整合以及技术基础设施的互操作性。[③] 其中，信息共享跨越的“边界”被归纳为层级、职能部门、人际、地理、发展水平、过程和公共部门间等类型。[④] 例如，张倪指出搭建信息共享平台可以减少信息传输中的最短路径距离，大幅度提升质量熵，解决供需关系各企业信息不平衡等问题，降低运营成本。[⑤]

尽管信息技术的进步给跨组织边界信息共享提供了更多机会，但仍然存在诸多技术壁垒，也面临组织结构、文化、信任、领导等因素的挑战，还受到法律政策的影响。因此，研究者发现影响信息共享达成的关键因素至关重要，[⑥] 又考虑到跨组织边界信息共享的复杂性，同时为了促进信息共享实践的开展，研究者一般从技术与信息、组织和管理、法律和政治这

① Baah C, Acquah I, Ofori D. Exploring the influence of supply chain collaboration on supply chain visibility, stakeholder trust, environmental and financial performances: a partial least square approach [J]. Benchmarking An International Journal, 2022, 29 (1): 172-193.

② Barki H, Pinsonnault A. A model of organizational integration, implementation effort, and performance [J]. Organization Science, 2005, 16 (2): 165-179.

③ Gil-Garcia J R, Pardo T A, Burke G B. Conceptualizing information integration in government. In: Scholl J (ed.) Electronic government: Information, technology, and transformation. Armonk, NY: ME Sharpe, 2010: 179-202.

④ Yang T, Zheng L, Pardo T. The boundaries of information sharing and integration: A case study of Taiwan e-Government [J]. Government Information Quarterly, 2012, 29: S51-S60.

⑤ 张倪. 基于熵理论的产业互联供需网信息协同有序度研究 [J]. 科技和产业, 2022, 22 (02): 126-131.

⑥ Pardo T A, Gil-Garcia J R, Luna-Reyes L F. Collaborative governance and cross-boundary information sharing: Envisioning a networked and IT-Enabled public administration [C]. Minnowbrook III Conference, Lake Placid, New York, 2008.

三个维度确定其影响因素。[①] 例如，张桂蓉等人在大数据驱动下探究大数据驱动下应急信息协同机制及促进策略，以促进高效的多主体应急信息协同。[②] 马捷等人利用超网络解构政务数据协同治理模型，实现协同治理的量化分析。[③]

根据定义，跨组织边界信息共享的主体涵盖了公共部门和企业等不同组织，不仅包括公共部门之间（G2G）的信息共享，还包括企业对企业（B2B）、政府与企业之间的信息共享。其中，公共部门之间的跨组织边界信息共享强调数据互联互通，消除信息孤岛。[④⑤] 而企业之间（B2B）信息共享主要发生在供应链的上下游企业之间，旨在降低牛鞭效应的负面影响，促进供应链协调与合作。[⑥⑦] 在数字时代，企业与政府之间的信息共享在创造公共价值方面日益凸显。一方面，政府向企业（G2B）开放的公共数据包含着巨大的经济价值，可以被二次利用和满足企业在加工中的盈利性需求；[⑧] 另一方面，企业向政府（B2G）的信息共享可以促进企业合规

---

① Yang T, Maxwell T A. Information－sharing in public organizations: A literature review of interpersonal, intra－organizational and inter－organizational success factors [J]. Government Information Quarterly, 2011, 28 (2): 164－175.

② 张桂蓉，雷雨，冯伟，赵维. 大数据驱动下应急信息协同机制研究 [J]. 情报杂志，2022，41 (04)：181－185+201.

③ 马捷，蒲泓宇，胡漠. 智慧政务数据协同治理超网络模型研究 [J/OL]. 图书馆设：1－25 [2022－05－18]. http://kns.cnki.net/kcms/detail/23.1331.g2.20211209.1733.004.html.

④ Lee J, Kim H J, Ahn M J. The willingness of e－Government service adoption by business users: The role of offline service quality and trust in technology [J]. Government Information Quarterly, 2011, 28 (2): 222－230.

⑤ Navarrete C, Gil－Garcia J R, Mellouli S, et al. Multinational E－Government collaboration, information sharing, and interoperability: An integrative model [A]. 2010: 1－10.

⑥ Lee H L, Padmanabhan V, Whang S. Information distortion in a supply chain: the bullwhip effect [J]. Management Science, 1997, 43 (4): 546－558.

⑦ Lee J Y, Saunders C, Panteli N, Wang T. Managing information sharing: interorganizational communication in collaborations with competitors [J]. Information and Organization. 2021, 31 (2), 100354.

⑧ 赵远. 内蒙古数据开放共享中的政府与企业合作关系研究 [J]. 内蒙古科技与经济，2017，(12)：6－8.

操作并帮助政府减少支出，提高绩效。①

同时，研究者也观察到信息跨越边界的难度，并研究调查了阻碍信息跨界共享的因素。Yang 和 Wu 回顾了跨境信息共享的复杂性，认为决定因素包括立法与政策因素、组织因素和技术因素。② 技术和数据是有效跨境信息和服务整合的关键因素，不同的 IT 能力可能会对信息共享提出挑战。③ 其中，不同的数据格式和系统不兼容是主要障碍，因为数据定义和格式的多样性为创建来自不同组织不同数据的、有意义又个性化的视图提出了重大挑战。④ 此外，实施先进系统的高成本和复杂性以及系统不兼容问题也是信息成功共享的主要障碍。⑤

面对这些挑战，研究者特别强调了信任和建立信任对跨境信息共享倡议的重要性。在关键参与者之间建立信任被认为是信息成功共享的关键前提，⑥ 供应链合作伙伴的信任对信息共享和信息质量都产生了积极影响。⑦ 在政府与企业的信息共享合作中，基于信任的合作契约发挥了关键作用，合作契约中的要素及其作用和能力的分解尤其值得关注。⑧

---

① Bharosa N, Janssen M, van Wijk R, et al. Tapping into existing information flows: The transformation to compliance by design in business-to-government information exchange [J]. Government Information Quarterly, 2013, 30: S9-S18.

② Yang T, Wu Y. 2014. Exploring the determinants of cross-boundary information sharing in the public sector: An e-Government case study in Taiwan [J]. Journal of Information Science, 40 (5): 649-668.

③ Chen Y, Lee J. Collaborative data networks for public service: Governance, management, and performance [J]. Public Management Review, 2018, 20 (5): 672-690.

④ Comfort L K. Crisis Management in hindsight: cognition, communication, coordination, and control [J]. Public Administration Review, 2007: 189-197.

⑤ Fawcett S E, Osterhaus P, Magnan G M, et al. Information sharing and supply chain performance: The role of connectivity and willingness [J]. Supply Chain Management: An International Journal, 2007, 12 (5): 358-368.

⑥ Gilgarcia J R, Guler A, Pardo T A, et al. Trust in government cross-boundary information sharing initiatives: identifying the determinants [C]. IEEE, 2010, 44: 1-10.

⑦ Li S, Lin B. Accessing information sharing and information quality in supply chain management [J]. Decision Support Systems, 2006, 42 (3): 1641-1656.

⑧ Karaba F, Roehrich J K, Conway S, et al. Information sharing in public-private relationships: the role of boundary objects in contracts [J]. Public Management Review, 2022, DOI: 10. 1080/14719037. 2022. 2065344.

2.3 面向跨境供应链合规的信息协同

跨境供应链中所有企业和政府之间的合作和联网都被视为未来供应链成功的关键因素。自动化数据收集、复杂网络中的管理信息、数据透明度和数据安全等都是高效协作和联网的基本要求。①

海关与企业的合作作为世界海关组织安全框架的三大支柱之一，世界海关组织建议每个海关管理部门与企业建立伙伴关系，促进国际贸易供应链的安全。世界海关组织秘书长御厨邦雄博士强调，海关不能在不考虑其合作伙伴利益的情况下单独行动。它必须进一步发展磋商，促进信息交流与合作，通过共同确定瓶颈并提供解决方案来减少贸易顺利流动的障碍。②Bryson 等人将跨部门协作定义为两个或多个部门的组织之间链接或共享信息、资源、活动和能力，以实现每个部门无法单独实现的联合结果。③ 海关与企业的伙伴关系是跨部门合作的一类实践。世界海关组织提出了海关和企业之间建立伙伴关系的多种方法，例如，共同制定政策和计划、利用贸易情报伙伴关系以及联合开发信息技术系统。④尤其是信息协同对海关和企业之间的合作起关键作用，海关管理部门和企业之间的伙伴关系有助于了解各方各自的数据质量要求，从而确保在正确的时间提供适当的数据。⑤

已有研究讨论海关与跨境供应链企业信息协同的重要性，表明海关与企业的信息协同可以促进贸易安全与便利。Pourakbar 和 Zuidwijk 研究了海

---

① Bailey K, Francis M. Managing information flows for improved value chain performance [J]. International Journal of Production Economics, 2008, 111 (1): 2-12.

② Zhang S, Preece R. Designing and implementing customs-business partnerships: a possible framework for collaborative governance [J]. World Customs Journal, 2011, 2 (1): 43-62.

③ Bryson J M, Crosby B C, Stone M M. Designing and implementing cross-sector collaborations: needed and challenging [J]. Public Administration Review, 2015, 75 (5): 647-663.

④ WCO, 2015. Customs-business partnership guidance. [EB/OL]. http: //www. wcoomd. org/-/media/wco/public/global/pdf/topics/facilitation/instruments - and - tools/tools/customs-business-partnership-guidance/customs--business-partnership-guidance.pdf? db=web.

⑤ WCO, 2015. Recommendation of the Customs co-operation council on the guiding principles for data quality. [EB/OL]. http: //www. wcoomd. org/en/about-us/legal-instruments/ recommendations/~/ media/ C6E5F4DF134C427C923AE8CF99E062C6. ashx.

关和企业之间的信息协同如何增强了供应链安全，其研究表明海关和企业的信息协同主要针对可以提供用于海关高风险集装箱布控信息来源的公司。[①]郑国凯等人构建了基于区块链的跨境电商信息协同模型解决跨境电商的监管痛点。[②]此外，Urciuoli 等人的研究表明，企业可以利用海关的风险管理系统来提高安全性，而节约成本和易用被确定为海关与企业信息协同的主要驱动因素。[③]

同时，也有一些研究分析了海关与跨境供应链企业在开展信息协同过程中面临的挑战。海关与企业的信息协同不仅需要跨越组织边界，而且在跨境供应链中涉及境外的组织还要跨越地理边界，这对海关与跨境供应链企业信息协同来说是一个难点。[④]在跨境供应链中，各方往往根据自己在供应链中的角色和责任，以及根据自己的目标来管理流程和业务活动。[⑤] 尽管企业和海关在供应链可视性和安全性方面存在共同利益，但双方的目标有时会相互冲突。企业的主要目标是在合规的前提下实现商业利润最大化，而海关往往扮演着商业合作伙伴和警察的双重角色。[⑥] 此外，还应考虑企业与政府建立信息传递平台的投入成本。[⑦] 技术制约、成本、数据质

---

① Pourakbar M, Zuidwijk R A. The role of customs in securing containerized global supply chains [J]. European Journal of Operational Research, 2018, 271 (1): 331-340.

② 郑国凯，易露霞，杜连雄. 信息协同视角下“区块链+跨境电商”创新模式构建 [J]. 商业经济研究，2022 (09): 84-86.

③ Urciuoli L, Hintsa J, Ahokas J. Drivers and barriers affecting usage of e-Customs — A global survey with customs administrations using multivariate analysis techniques [J]. Government Information Quarterly, 2013, 30 (4): 473-485.

④ Yang T, Wu Y. Exploring the determinants of cross-boundary information sharing in the public sector: An e-Government case study in Taiwan [J]. Journal of Information Science, 2014, 40 (5): 649-668.

⑤ Hintsa J, Uronen K. Common assessment and analysis of risk in global supply chains [R]. Compendium of FP7-project CASSANDRA, 2012.

⑥ Prokop, D. J. Chapter 6 - The business and government interface in global supply chain security and management [M]. Butterworth-Heinemann, 2017.

⑦ Grainger A, Huiden R, Rukanova B, et al. What is the cost of customs and borders across the supply chain … and how to mitigate the cost through better coordination and data sharing [J]. World Customs Journal, 2018, 12 (2): 3-30.

量，以及企业与政府之间缺乏信任也被视为企业与海关信息协同的主要障碍。[①] 在海关和企业的信息共享与信息协同中，必须充分考虑并明确所共享信息的范围与方式，使得成本在企业可接受的范围内，因为考虑所有利益相关者的获益情况对于创造公共价值至关重要。[②]

就信息协同形式而言，海关与企业的信息协同既包括法定强制要求企业向政府提交的信息，也包括基于伙伴关系的海关和企业之间自愿共享的信息。自愿参与是成功的海关与企业伙伴关系的标志性因素，因为这种伙伴关系是基于共同的利益和目标，相互信任与尊重。[③]这种合作性的自愿信息共享强调了“价值主张”（Value Proposition），即既关注企业的商业利润最大化，同时也关注政府公共政策目标的实现。[④]在海关和企业的自愿信息共享中，“价值主张”可以解释为海关要求企业提供有关供应链的商业信息用以加强风险管理，同时企业希望提升供应链的可视性和通关流程的便利性。海关与企业通过建立合作伙伴关系，在信任的前提下消除彼此对立情绪，海关可以兼顾监管效果与监管效率，企业也由此获得了便利通畅的进出口商业环境，双方实现双赢，同时也最大限度消除了行政权力寻租的空间和机会。[⑤]

事实上，海关和企业之间基于伙伴关系的自愿信息共享属于公私合作的一种具体实现。公私合作模式（Public Private Partnership，PPP）是指政府公共部门与私营部门合作过程中让非公共部门所掌握的资源参与提供公

---

① Urciuoli L, Hintsa J, Ahokas J. Drivers and barriers affecting usage of e-Customs — A global survey with customs administrations using multivariate analysis techniques [J]. Government Information Quarterly, 2013, 30 (4): 473-485.

② Bryson J M, Crosby B C, Stone M M. Designing and implementing cross-sector collaborations: needed and challenging [J]. Public Administration Review, 2015, 75 (5): 647-663.

③ WCO, 2015. Customs - business partnership guidance. [EB/OL]. http://www.wcoomd.org/-/media/wco/public/global/pdf/topics/facilitation/instruments-and-tools/tools/customs-business-partnership-guidance/customs--business-partnership-guidance.pdf?db=web.

④ Koliba C, Koliba C, Wiltshire S, Scheinert S, Turner D, Zia A, Campbell E. 2017. The critical role of information sharing to the value proposition of a food systems network [J]. Public Management Review, 19 (3): 284-304.

⑤ 王瑜，黄胜强. 海关与企业间关系：内涵，模式与路径构建 [J]. 海关与经贸研究，2021，42 (1): 18-29.

共产品和服务，从而实现政府公共部门的职能并同时也为私营部门带来利益。[①]最初主要用于实现公共项目建设资金的融资。[②]随着社会中的数据资源价值不断被挖掘，数据被正式纳入生产要素，政企合作在实践中被进一步拓展到数据合作领域，形成了一种新型公私合作伙伴关系，即数据驱动的社会伙伴关系。[③] 而这种海关与企业之间以创造公共价值为目标的企业与政府信息共享也被称为“数据协同”（Data Collaboratives）[④] 或“数据合作”（Data Collaboration）[⑤]。

政企数据合作既包括政府主动开放自身数据并吸引企业投资来深化政府数据的创新应用，也包括企业主动面向政府开放数据，以微观数据支持政府的宏观决策，并寻求政府监管的创新模式。[⑥] 尽管政企数据合作展现出前所未有的机遇，但目前对政企数据合作成功案例研究开展相对较少，相关研究有待进一步推进。

从权力维度来看，传统的法定强制申报遵循“命令—控制”模式，而在自愿信息共享中体现的是多元主体“信服”“自愿”地共同参与公共事务的“协同合作”。[⑦] 当企业没有法定义务向政府提供数据时，若要让企业主动向政府开放数据，企业的意愿（Willingness）是一个决定性因素。[⑧] 企业愿意向政府共享法定义务之外的信息的关键是让企业获得可预期的商业

---

① 贾康，孙洁. 公私伙伴关系（PPP）的概念、起源、特征与功能［J］. 财政研究. 2009（10）：2-10.

② 叶晓甦，徐春梅. 我国公共项目公私合作（PPP）模式研究述评［J］. 软科学. 2013，27（06）：6-9.

③ Susha I，Gronlund A，Van Tulder R. Data driven social partnerships：Exploring an emergent trend in search of research challenges and questions［J］. Government information quarterly. 2019，36（1）：112-128.

④ Susha I，Janssen M，Verhulst S，et al. Data collaboratives：How to create value from data for public problem solving?［C］. Proceedings of the 18th Annual International Conference on Digital Government Research，2017：604-606.

⑤ WEF. Data Collaboration for the common good enabling trust and innovation through public-private partnerships［R］. 2019.

⑥ 黄如花，陈闯. 美国政府数据开放共享的合作模式［J］. 图书情报工作. 2016，60（19）：6-14.

⑦ 田培杰. 协同治理：理论研究框架与分析模型［D］. 上海交通大学，2013.

⑧ Fawcett S E，Osterhaus P，Magnan G M，et al. Information sharing and supply chain performance：the role of connectivity and willingness［J］. Supply Chain Management：An International Journal. 2007，12（5）：358-368.

利益。与以往的政府部门之间数据流通与信息共享的研究相比，针对企业和政府之间的自愿信息共享与信息协同研究相对缺乏，有待深入研究。

2.4 研究述评

从20世纪90年代末开始，关于供应链牛鞭效应和信息共享的研究与探讨至今已有二十余年。研究的主要目的在于通过信息协同提高供应链可见性，以优化供应链运作，促进供应链协调，旨在为供应链各参与方带来商业利益。共享信息的类型侧重于库存水平、销售数据、订单状态、销售预测、生产计划和交货计划等信息。在全球供应链背景下，受到各国（地区）政府的监管和国际贸易要求等因素的影响，跨境供应链信息协同的信息范围也进一步扩大到国际贸易和口岸检查合规所需的单证。从参与方来看，跨境供应链涉及来自各国（地区）的更多利益相关者间的交换数据，因此面向跨境供应链合规的信息协同更具挑战性。

目前，相关领域的研究得到迅速发展，现有研究不仅已充分证明了供应链信息协同的重要性和商业利益所在，研究者更从供应链管理和信息技术应用等多个角度提出了促进供应链信息协同的措施。这些信息协同的方法和工具对跨境供应信息协同提供了指导，但以合规为目标的跨境供应链信息协同又有其特殊性，有待针对跨境供应链合规要求来进一步解决其信息协同问题。

一般的供应链信息协同主要涉及商业领域的供应链合作伙伴，属于企业与企业之间（B2B）的信息协同，而面向跨境供应链合规的信息协同不仅涉及企业与企业之间（B2B）的信息协同，还包括企业与跨境进出口国（地区）政府的口岸监管部门之间（B2G）的信息协同，甚至还包括跨境进出口国（地区）政府的口岸监管部门之间（G2G）的信息协同。其中，企业与政府的信息协同既包括法定强制要求企业向政府提交的信息，也包括海关和企业之间基于合作伙伴关系自愿共享的信息。在此情况下，如何建立企业对政府的自愿信息共享机制和政企数据合作模式有待研究，需要进一步总结国内外企业与海关开展数据合作的成功实践经验，完善分析框架，深入探讨其数据合作的影响因素，提出以促进跨境供应链合规为目标的政府与企业信息协同的政策建议。

在现有的供应链信息协同领域研究中，研究者证实了信息基础设施是改善供应链可视性的有效工具，并探索了应用物联网和区块链等信息技术解决供应链信息协同的可行性。在跨境供应链合规的领域下，数据管道的概念已获得海关与企业的高度关注。由于区块链技术具有不可篡改、不易伪造、可追溯、可审计等特性，有望成为构建数据管道的有效途径，实现供应链各成员间以及监管部门间的信息传递与共享，使得各方都可以从源头实时获取准确的货物信息，加强区块链技术赋能跨境供应链信息协同的研究也有待进一步深入。

第3章 跨境供应链合规的概念与内涵界定

3.1 跨境供应链的内涵

3.1.1 跨境供应链的概念

随着经济全球化和信息技术的快速发展，企业的经营环境发生了巨大的变化，激烈的市场竞争和快速多变的市场需求使企业面临不断缩短交货期、提高产品质量、降低产品成本和改进服务的压力。一些有能力的企业已经迅速向国际化经营转变。在这种新的经济结构体系下，过去企业间的竞争、产品间的竞争转变为国际范围全球市场的竞争、供应链与供应链之间的竞争。

一般的供应链管理包括原材料、在制品库存和制成品从产地到消费者的所有运输、存储环节。在经济全球化环境中，对于每一个跨境终端到终端的交易就有多达25~30个不同的企业和政府行为者直接参与交易。① 这一跨境供应链条包括了出口商、进口商、货运代理、承运人、报关代理人、检验检疫机构、保险公司、银行和口岸监管部门等。

跨境供应链（Cross-border Supply Chain），又被称为全球供应链（Global Supply Chain）或国际供应链（International Supply Chain），它根据供应链管理的基本理念、模式，按照国际分工协作的原则，优势互补，实现资源在全球范围内的优化配置。在许多方面，跨境供应链的管理与本土化供应链的管理原理基本上一样，只是涉及了海外的国际业务，地域覆盖范围更为广泛。在跨境供应链体系中，供应链的成员遍及全球。生产资料的获得、产品生产的组织、货物的流动和销售、信息的获取等，都是在全球范围内进行和实现的。因此，与传统的国内供应链相比，跨境供应链包

① European Conference of Ministers of Transport. ECMT Annual Report 2004 [R]. Jonit OECD/ECMT transport research centre, 2004.

含更多的环节、更强的业务复杂性和不确定性。[①]

跨境供应链强调跨区域和跨国家的供应链，特指供应链某一环节的买卖双方处在不同关境内，因此会涉及国际贸易和出入关境时的手续。值得注意的是，跨境供应链中所跨越的“境”一般指的是“关境”而非“国境”。“关境”是指缔约方海关法适用的地域。[②] 在通常情况下，关境与国境是一致的，但有些国家的关境同国境并不完全一致。若一国境内有自由港或自由区，即不属于该国关境范围之内。在此情况下，关境小于国境；在缔结关税同盟的国家（地区），它们的领土成为统一的关境，在此情况下，关境则大于国境。[③] 就跨境供应链讨论的范畴而言，有以下三种情况。

第一种，不仅跨国境而且跨关境的情况，这显然属于跨境供应链讨论的范畴。例如，位于中国的玩具制造商将产品出售给位于日本的批发商。

第二种，同一国境但跨关境的情况，这也属于跨境供应链讨论的范畴。例如，中国内地的玩具制造商将产品出售给位于中国香港的零售商。尽管中国内地和中国香港同属于一个国家的国境内，但由于中国内地和中国香港分处不同的关境，两地执行不同的海关法令，货物从中国内地运至中国香港仍需履行进出口报关手续，因此也属于跨境供应链讨论的范畴。

第三种，不同国境但同一关境的情况，这一般不属于跨境供应链讨论的范畴。例如，将法国生产的香水出售给德国的批发商。由于欧盟国家内的欧盟货物（Union Goods）可以自由流动，因此尽管跨越了国境，但没有跨越关境，并不需要办理通关手续，一般不纳入跨境供应链讨论的范畴。

3.1.2　跨境供应链的特征

跨境供应链与境内供应链相比，虽然两者在运营理念和方法上没有本

① 周欣，霍佳震. 考虑贸易便利与通关效率的跨国供应链库存优化［J］. 管理工程学报，2015（3）：137-143.

② 参见《经修订的京都公约》，1999 年。

③ 王美涵. 税收大辞典［M］. 沈阳：辽宁人民出版社，1991.

质的区别，但跨境供应链仍具有其特殊性，在陈苏明[①]、张秀萍和柯曼綦[②]等学者研究的基础上，本研究将跨境供应链的特征总结如下。

1. 国际性

国际性是指跨境供应链的网络涉及多个国家（地区），跨境供应链的物流是在不同国家（地区）间进行的，网络覆盖的地理范围大。国际物流跨越不同国家（地区），跨越海洋和大陆，运输的距离与时间长，运输方式多种多样，这就需要合理选择运输路线和运输方式，尽量缩短运输距离和货物在途时间，提升货物周转速度并降低物流成本。由于跨境供应链往往需要原材料的洲际供应，且产品复杂性强、产品生命周期短，由此企业与政府之间建立网络以提高业务和安全效率愈加重要，这就需要引入新的供应链服务，通过整合资金流、物流和信息流，来进一步巩固物流市场。[③]

突发事件也会影响跨境供应链并造成国际性影响。在新冠疫情发生后，世界海关组织发布了《灾害管理和供应链连续性指南》。[④] 该指南指出，海关作为全球供应链中的关键角色，应确保贸易的稳定和连续性，以最大限度地降低新冠疫情对经济和社会的总体负面影响。各国（地区）海关也提供了各自的供应链风险管理和海关国际合作经验。新冠疫情大流行暴露了跨境供应链和价值链的脆弱性，这就需要通过国际合作建立快速贸易通道来提升供应链的灵活性和可见性。[⑤]

2. 复杂性

随着国际贸易水平的提高，供应链变得越来越复杂，而跨境供应链则

---

① 陈苏明. 全球供应链管理与国际贸易安全［M］. 上海：上海人民出版社，2016：62.

② 张秀萍，柯曼綦. 全球供应链［M］. 北京：经济管理出版社，2017：62.

③ Hameri A P, Hintsa J. Assessing the drivers of change for cross-border supply chains［J］. International Journal of Physical Distribution & Logistics Management, 2009, 39（9）：741-761.

④ WCO. 2021. Guidelines on disaster management and supply chain continuity.［EB/OL］. http：//www. wcoomd. org/en/topics/facilitation/instrument - and - tools/tools/guidelines-on-disaster-management. aspx.

⑤ Karlsson L, Singham S, Daniel A. Gottschald. The global zone network, a safe pathway to prosperity in the post-Coronavirus era?［J］. World Customs Journal, 2021, 15（1）：51-64.

会涉及国家（地区）的经济活动。在经济活动中，生产、流通、分配和消费四个环节存在着密切的联系。由于各国（地区）的社会制度、自然环境、经营管理方法、生产技术和习惯不同，在国家（地区）组织好产品从生产到消费的流动，是一项相当复杂的工作。仅针对物流的复杂性而言，就包括了国际物流通信系统设置的复杂性、法规环境的差异性，以及商业现状的差异性等。

随着国际贸易量不断增加，跨境供应链呈现的复杂供应网络引起研究者的广泛关注，他们基于不同的视角对跨境供应链运作进行了研究。跨境供应链参与者形成了联盟，其联盟管理需要综合考虑利润、协作和环境导向三个目标。[①] 同时跨境供应链企业的关系学习能力是跨境供应链研究的一个重要方面，这种学习能力会影响供应商和买家之间的关系价值。[②] 在跨境电子商务蓬勃发展的背景下，跨境供应链协同的影响因素可以被归纳为跨境物流功能的服务能力、信息共享水平和资源分配能力。[③] 也有研究发现，影响跨境供应链协调的驱动因素包括信息共享、利润分配、信任度、目标一致性，尤其企业管理者的支持和海关监管对跨境供应链协同都有重要影响。[④]

3. 风险性

跨境供应链的复杂性往往意味着其协同失败的可能性增大，因此跨境供应链中风险和脆弱性显著高于本地供应链。[⑤] 现今的跨境供应链比以往的本地化供应链包含更多的风险因素，这些风险包括供应中断、供应延

---

① van Roekel J, Willems S, Boselie D M. Agri-supply chain management: to stimulate cross-border trade in developing countries and emerging economies. World Bank Paper, World Bank, s'Hertogenbosch, Netherlands, 2002.

② Cheung M S, Myers M B, Mentzer J T. Does relationship learning lead to relationship value? A cross-national supply chain investigation [J]. Journal of Operations Management, 2010, 28 (6): 472-487.

③ 肖冯. 跨境电子商务供应链协同物流效率研究 [D]. 宁波大学, 2017.

④ Li C, Gao M, Sarkis J, et al. Modeling cross - border supply chain collaboration: the case of the Belt and Road Initiative [J]. International Transactions in Operational Research, 2020. https: //doi. org/10. 1111/itor. 12874.

⑤ Jeng, J F. Generating a causal model of supply chain collaboration using the fuzzy DEMATEL technique [J]. Computers & Industrial Engineering, 2015, 87: 283-295.

迟、需求波动、价格波动以及汇率波动等。① 跨境供应链涉及的风险可以归纳为政治风险、经济风险和自然风险三种类型。政治风险主要指由于链中节点企业所在国（地区）或产品运输所经过的国家（地区）政局动荡，如政局更迭、罢工、战争等，造成经营损失或货物可能受到损害或灭失；经济风险可分为汇率风险和利率风险，主要指跨境供应链运营中有关的资金由于汇率和利率的变动而产生的风险；自然风险则主要指在货物运输过程中可能因自然因素，如地震、海啸等引发的风险。此外，也有研究者从其他角度对跨境供应链的风险类型进行了梳理，如 Chu 等人基于对媒体报道的文本挖掘建立了跨境供应链风险管理框架，将供应链风险类型和潜在风险因素分为政治、环境、金融、供求、物流、系统和运营七个方面，② 他们密切关注媒体所报道的内容和识别供应链风险模式的变化。近年来受新冠疫情蔓延等因素影响，全球产业链供应链的中断风险显著增加，③ 需建立评估跨境供应链相关风险的决策框架，用于跨境供应链风险评估④和跨境供应链韧性评估，以便制定合适的风险减弱策略⑤。同时也需要建立跨境供应链风险预警模型，以准确识别跨境供应链内的多源风险。⑥

4. 合作竞争性

与传统企业的经营管理不同，跨境供应链基于新型的合作竞争理念，从全球市场的角度对供应链全面协调性的合作式管理，不仅要考虑核心企业内部的管理，而且更注重供应链中各个环节、各个企业之间资源的利用和合作，让各企业之间进行合作博弈，最终达到“双赢”。跨境供应链管

---

① 乔普拉. 供应链管理（英文版）［M］. 北京：中国人民大学出版社，2021：143.

② Chu C Y, Park K, Kremer G E. A global supply chain risk management framework: An application of text-mining to identify region-specific supply chain risks ［J］. Advanced Engineering Informatics, 2020, 45: 1-11.

③ 王国文. 疫情中的全球产业链供应链［J］. 对外经贸实务，2020（12）：4-7.

④ Soni G, Kodali R. A decision framework for assessment of risk associated with global supply chain ［J］. Journal of Modelling in Management, 2013, 8（1）: 25-53.

⑤ Um J, Han N. Understanding the relationships between global supply chain risk and supply chain resilience: the role of mitigating strategies ［J］. Supply Chain Management, 2020, 26（2）: 240-255.

⑥ 杨扬，徐新扬. 基于 CNN-PSO 的跨境供应链风险预警研究［J］. 公路交通科技，2022，39（01）：152-159.

理的合作竞争理念把供应链视为一个完整的系统，将每一个成员企业视为子系统，组成动态的跨国联盟，彼此信任，互相合作，共同开拓市场，追求系统效益的最大化，最终分享节约的成本和创造的收益。

在跨境供应链背景下，原有将供应链理解为价值链的思路需要延伸到涉及口岸监管部门的全球价值链，因此通过进一步简化海关业务来实现企业和海关之间更好的关系管理往往被视作跨境供应链管理的关键优先事项。[①②] 跨境供应链中所有企业和政府监管部门之间的协作和联网被视为未来供应链的重要成功因素。在目前的跨境供应链管理实践中，跨境供应链合规和高数据透明的信息协同已经跨越了组织边界，今后，海关和其他口岸监管部门也需要作为重要的考虑因素被纳入跨境供应链的发展之中，这种企业与政府监管机构的合作不仅涉及全球和企业层面的税收规划，也影响跨境供应链的长远规划。[③] 在此背景下，荷兰海关根据经验提出“突破边界”的风险管理方式，通过供应链风险信息整合以及海关与海关之间的信息交换避免了进出境两国海关对企业的双重监管。[④] 同时面对新冠疫情带来的冲击，也需要通过海关与海关、海关与企业的数据共享提升供应链的可视性，以大数据分析工具实时监控和跟踪整个供应链风险。[⑤]

在中美经贸摩擦背景下，中美之间战略竞争驱动下的跨境供应链体系正在面临收缩、调整和重构的新格局，可以在构建“制度—国家综合发展能力—全球供应链”的相互影响模型、全球不同国家（地区）参与跨境供

① Verwaal, E. and Donkers, B. Customs-related Transaction Costs, Firm Size and International Trade Intensity [J]. Small Business Economics, 2003, 21 (3): 257-71.

② Hoek, Van R I. Using information technology to leverage transport and logistics service operations in the supply chain: an empirical assessment of the interrelation between technology and operations management [J]. International Journal of Information Technology & Management, 2002, 1 (1): 115-130.

③ Hameri A P, Hintsa J. Assessing the drivers of change for cross-border supply chains [J]. International Journal of Physical Distribution & Logistics Management, 2009, 39 (9): 741-761.

④ Heijmann F, Tan YH, Rukanova B, Veenstra A. The changing role of customs: customs aligning with supply chain and information management [J]. World Customs Journal, 2020, 14 (2): 131-142.

⑤ Al-Shbail T, Maghayreh A, Awad M. Big data analytics for supply chain sustainability: amid the outbreak of the COVID-19 Pandemic [J] . World Customs Journal, 2021, 15 (2): 61-72.

应链体系的六维决定因素模型，以及跨境供应链体系的形成逻辑模式的基础上，面对“逆全球化”与“有限全球化”、“去中国化”与“去美国化”、“区域一体化”与“双边化”三种可能发展方向，提出中国今后的应对战略及重点策略。①

5. 技术依赖性

跨境供应链范围广、运行环境差异大，需要在不同的法律、文化、语言、技术、设施环境下运行，这大大增加了供应链的复杂程度以及网络系统的信息量和交换频度。要保证流通畅通，提高整个链条的效率，必须要有先进的国际化信息系统作为支撑。因此，跨境供应链是现代国际网络信息技术发展与跨国战略联盟思想发展的结晶，高度集成的网络信息系统是其运行的技术基础。在信息技术领域，目前跨境供应链已广泛采用全球定位系统来跟踪运输工具的实时位置和给出即将到达的电子提示，所提供的当前信息可用来实时动态优化运输路线，电子提示和位置跟踪提高了整个供应链中的顾客服务和准备状态。值得关注的是，区块链技术在跨境供应链领域中也有非常广泛的应用前景。基于世界海关组织的《全球贸易安全与便利标准框架》的目标和原则，该技术可以彻底改变跨境供应链结构和海关环境，② 用于跨境供应链风险分析和运营中断管理。③

3.2 跨境供应链合规

3.2.1 合规的相关概念辨析

“合规”即“符合规定”，其词义源自英文“Compliance”一词。根据牛津英语词典，合规（Compliance）的意思是“遵守当权者的规定或要求的行为，为确保完全遵守法律必须遵循的程序”④。

① 张杰. 中美战略格局下全球供应链演变的新趋势与新对策［J］. 探索与争鸣，2020（12）：37-52+198.

② Yaren H. Implementing blockchain technology in the customs environment to support the SAFE Framework of Standards［J］. World Customs Journal，2020，14（1）：127-138.

③ Choi T M，Wen X，Sun X，et al. The mean-variance approach for global supply chain risk analysis with air logistics in the blockchain technology era［J］. Transportation Research Part E：Logistics and Transportation Review，2019，127（JUL.）：178-191.

④ 原文为“ the practice of obeying rules or requests made by people in authority，procedures that must be followed to ensure full compliance with the law ”。

在商业领域，根据巴塞尔银行监管委员会公布的《新巴塞尔资本协定》(《新巴塞尔协议》)，合规被定义为，不仅覆盖对于具有相应法律约束力文件的遵守，还包括广义的对诚实守信和道德行为准则的规范管理。这一定义已经包含了两种形式的合规，即强制性合规和自愿性合规。强制性合规，指的是法律法规或其他公司的商业标准，通常源于政府制定的监管或其他正式要求。自愿性合规，指的是企业内部规则，主要源自企业的社会责任感，例如，企业承诺禁止雇佣童工、避免不必要的浪费、保护环境等。这些自愿性合规规则本身是由一些企业制定的，也可以由企业来改变，但当这些规则已经得到社会广泛认可后，对于其他企业而言，也会被认为是与政府法规一样具有强制性。

关于如何实现合规“执法”（Enforcement）和“管理”（Management）的两种观点，“执法”观点强调需要通过监督和制裁的强制性措施实现合规，而“管理”观点认为需要采用基于能力建设、规则解释和提升规则透明度的方式实现合规。①

供应链合规是指以合规的方式构建和运营供应链，既有政府监管部门对供应链的强制性合规要求，也有自愿性合规要求。例如，供应链企业间互相提出的要求，以及政府对供应链企业提出的可以选择性遵守的要求。②

在跨境供应链的背景下，强制性合规主要指相关企业必须满足各国（地区）对货物进出境的法律法规要求，并向口岸监管部门提交关于货物的数据信息和相关单证，以便能够让监管部门履行查验职责。自愿性合规包括经认证的经营者（Authorized Economic Operator，AEO）和海关—商界反恐伙伴关系（Customs-Trade Partnership Against Terrorism，C-TPAT）等企业自愿参加的供应链安全项目。③

近年来，国际政治经济环境日趋复杂，全球贸易保护主义抬头，一些

---

① Tallberg J. Paths to compliance: Enforcement, management, and the European Union [J]. International Organization, 2002, 56 (3): 609-643.

② Veenstra A W. International trade, global supply chains and compliance [M] // Zijm H, Klumpp M, et al. Operations, logistics and supply chain management. Springer, 2019: 143.

③ 周欣. 推行国际供应链安全项目的障碍与对策分析 [J]. 物流技术, 2013, 32 (8): 54-57.

国家（地区）启动了有关加强供应链上游合规审查的相关立法程序,[①] 将供应链合规与审查的应用和频率制度化,[②] 这些做法显然已背离了原本基于世界海关组织《全球贸易安全与便利标准框架》下的海关监管合规要求。

3.2.2 跨境供应链合规的驱动因素

跨境供应链并不是简单地将货物从原产地运输到目的地，如果在进出口和运输环节没有符合相关国家（地区）政策和法规的要求，跨境供应链网络中的货物可能会发生物流延迟甚至被销毁的情况，合规对及时有效地完成国际贸易至关重要。[③] Hameri 和 Hintsa 提出了 14 项影响跨境供应链运作的关键驱动因素,[④] 具体如下。

（1）商业道德、良好的企业公民意识：透明度和法规合规性将在未来跨国公司的成功运营模式中发挥越来越大的作用。

（2）海关法规的合规性：随着供应链变得越来越复杂和经济全球化，不同供应链参与者和海关之间的交互接口需要进一步得到改善。

（3）消费者需求和愿望：消费者购买产品并向供应商付费，供应商需要能够在成本、质量和价值方面满足客户的期望。

（4）企业税收制度：各国（地区）与税收有关的参数继续影响企业零部件采购、工厂选址及与地理相关的决策。

（5）能源问题：进入 21 世纪以来，能源和价格对全球供应链和交付过程有着重要的影响。

（6）环境问题和法规：基于任务配额的环境问题将重塑供应链的结构，以及企业寻求节能制造和运输解决方案的方式。

---

① 刘新宇，郭欢. 供应链视角下的美国出口管制及经济制裁风险分析［J］. 中国外汇，2021（18）：28-30.

② Lamberth M, Rasser M, et al. The tangled web we wove——Rebalancing America's supply chains [R]. Center for a New America Security (CNAS), 2022.

③ Sheu C, Lee L, Niehoff B. A voluntary logistics security program and international supply chain partnership [J]. Supply Chain Management An International Journal, 2006, 11 (4): 363-374.

④ Hameri A P, Hintsa J. Assessing the drivers of change for cross-border supply chains [J]. International Journal of Physical Distribution & Logistics Management, 2009, 39 (9): 741-761.

（7）全球大流行和自然危害：潜在的毁灭性大流行，如禽流感和地震，在规划未来的供应链结构和突发事件时必须考虑到这些威胁。

（8）信息和数据管理的复杂性：由于跨境供应链涉及许多参与者，网络复杂性明显增加，这将在全球范围内对信息管理者提出挑战。

（9）互联网和电子商务技术：及时、准确的运营信息是高效供应链运营的关键，互联网相关服务和交易平台在未来几十年将发挥越来越大的作用。

（10）制造业和低成本劳动力：制造业企业继续受到规模效应和低成本的驱动而改变供应链结构，并使得供应链管理更具挑战性。

（11）实体监控的新技术：跟踪、检查和监控全球物流的各种技术手段将进一步发展，并得到普遍应用。

（12）原材料隐忧：全球需求增长导致原材料价格飙升，开采和提炼自然资源的企业将在全球经济中发挥更重要的作用。

（13）安全问题和法规：自"9·11"事件以来，安全问题已取得显著改善，但仍需对此保持持续关注，并通过强制性和自愿性的供应链安全计划重塑全球商业环境。

（14）技术性贸易壁垒：政府和经济领域部门将加强监管本地和区域贸易，以控制全球化的影响。

经过十几年的实践检验，上述 14 项影响跨境供应链运作的关键驱动因素的科学性和前瞻性已在实践中得到充分验证。其中，第 1、2、4、8、9、11、12、14 项因素都与跨境供应链合规直接相关，合规在跨境供应链运作中的重要性可见一斑。

3.2.3　国际海关视角下的跨境供应链合规

为了促进企业合规，很多海关采用了贸易安全与便利相平衡的方法，即基于情报信息，以风险管理为基础、以信息技术为驱动、反应迅速的监督和管理方式。例如，荷兰海关基于回应性监管理念①（见图 3-1），将以企业自愿合规为重点，企业与政府之间建立基于信任的横向关系，称为基

① Ayres I, Braithwaite J. Responsive regulation: transcending the deregulation debate [M]. Oxford: Oxford University Press, 1992: 35-39.

于合作合规的“横向监管”（Horizontal Supervision）①。其中，合作合规被定义为纳税人与税务机关之间建立基于信任的合作关系，这种合作关系是基于自愿的纳税合规，在合适的时间支付合适的税款。荷兰的横向监管模式被定义为一种基于个人纳税人与荷兰税务和海关管理局（NTCA）之间（知情的）信任、相互理解和透明的行政监管手段。

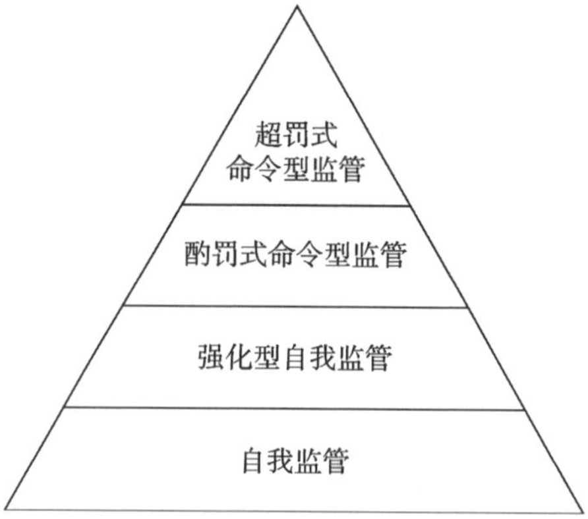

图 3-1　回应监管策略金字塔

资料来源：Ayres I，Braithwaite J. Responsive regulation：transcending the deregulation debate［M］. Oxford：Oxford University Press，1992：35-39.

英国海关同样基于回应性监管理念提出合规谱系模型②（见图 3-2），该合规谱系模型的一端为完全合规的贸易商，另一端为故意违规的贸易商，介于两者之间的是对贸易商合规过程中主动或被动响应海关监管规定的定性评估滑动量表。在这种模式下，海关无论采取什么风险与合规管理方法，首先需要加强对企业的守法教育、增加与企业的联系。

在此基础上，Widdowson 将跨境供应链中海关风险与合规管理的相关要素进行整合，构建了一个整合框架（见图 3-3）。③ 该框架纳入了基于风

① Huiskers-Stoop E，Gribnau H . Cooperative compliance and the Dutch horizontal monitoring model［J］. Journal of Tax Administration，2019，5（1）：66-110.

② 英国税务海关总署（Her Majesty's Revenue and Customs，HMRC）发布的《税收部门风险管理指南》（the Risk Management Guide for Tax Administrations），https：//ec. europa. eu/taxation_ customs/system/files/2016-09/risk_ management_ guide_ for_ tax_ administrations_ en. pdf.

③ Widdowson D. Managing customs risk and compliance：an integrated approach［J］. World Customs Journal，2020，14（2）：63-80.

险的跨境供应链合规管理战略的关键方面，具体包括法律法规、法律规范适用方式的过程和程序，提升企业遵守法律能力的支持服务，评估遵守法律情况的方法，评估不遵守法律风险的程序，降低已识别风险的技术，实现持续合规行为的战略。

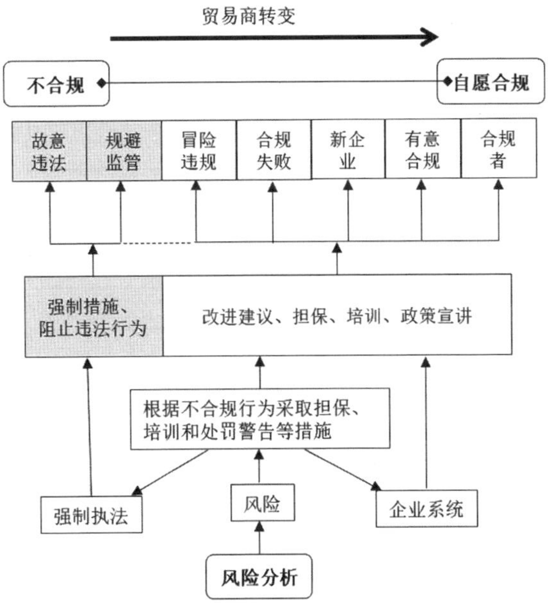

图 3-2　英国海关的合规谱系模型

资料来源：英国税务海关总署发布的《税收部门风险管理指南》。

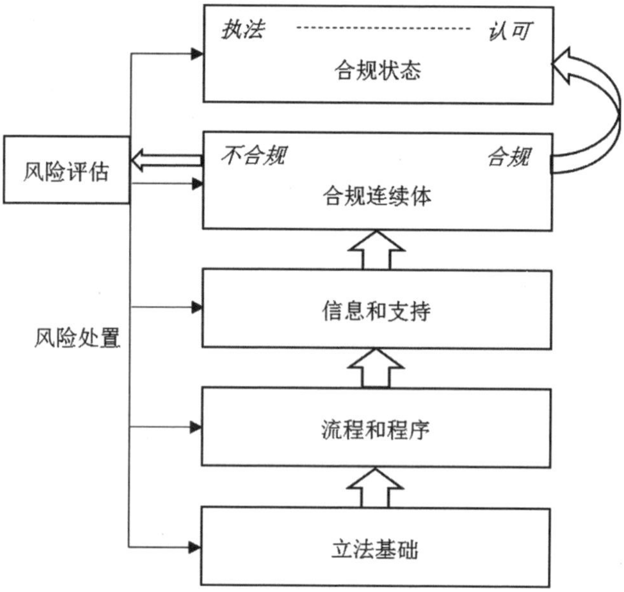

图 3-3　跨境供应链海关风险与合规管理的整合框架

资料来源：Widdowson D. Managing customs risk and compliance：an integrated approach［J］. World Customs Journal，2020，14（2）：63-80.

第4章　跨境供应链信息传递与协同问题分析

4.1　跨境供应链的信息传递

4.1.1　跨境供应链的参与主体

通常供应链由直接或间接满足顾客需求的各方组成，不仅包括制造商和供应商，还包括运输商、仓储商、零售商，以及顾客本身。① 但对跨境供应链而言，主要关注货物在跨境环节涉及的参与者，而非供应链在境内上下游延伸的环节。尽管如此，跨境供应链参与者仍然众多，并形成了复杂的信息传递网络。根据各参与者在跨境供应链中扮演的角色和承担的责任，可以将其分为五个类别，分别是商业类、组织类、实体运输类、授权管理类、融资类，具体见表4-1。

表4-1　跨境供应链的参与者

类别	跨境供应链的参与者
商业类	卖家、供应商（发货人）
	买家、客户（收货人）
组织类	买方代理
	货运代理或无船公共承运人
	报关公司
	船运代理

① 乔普拉. 供应链管理（英文版）[M]. 北京：中国人民大学出版社，2021：1.

表4-1 续

类别	跨境供应链的参与者
实体运输类	物流服务提供商（3PL）
	海运承运人
	空运承运人
	多式联运经营者（例如，道路—铁路、公路—驳船、铁路—驳船）
	卡车司机与多式联运（短途、长途）
	铁路承运人
	驳船经营者
	港口码头经营者
	其他港口服务经营者
	仓库、集装箱货运站经营者
	集装箱空箱站经营者
授权管理类	海关与移民管理局
	进/出口许可证管理局
	农业、卫生、兽医局
	港口管理局
	其他监管机构
融资类	银行
	保险公司

资料来源：Wagenaar. Business network re-design—lessons from the port of Rotterdam simulation game［C］. Proceedings of the 5th Int. EDI Conference. Bled，Slovenia，1992：390-404.

上海海关. 国际海关新视野［M］. 北京：中国海关出版社，2012：3.

在上述参与者中，第一类组织——商业类企业，与产品的生产和分销有关，并构成进行商业交易（购买、销售）的贸易通道。这些企业向最终客户提供产品从而从中直接获利，并对产品的数量和质量负责，为运输产品而雇佣第二类和第三类组织以便利交易和获取物流服务。第二类组织——便利交易类企业，主要由整合货物运输的代理人和中介组成。第三类组织——实体运输类企业，负责具体执行实物的移动。显然，便利交易和实体运输这两类企业对货物本身不感兴趣，只关注物流的实际运营效率。第四类组织——政府监管部门，负责监控和检查货流，以确保国门安全和相关法规的执行。最后，第五类组织——融资企业，负责支持跨境供应链中各组织之间的财务交易，促进资金流动。这五类组织相互依赖以实现各自的目标。若缺少某类跨境供应链参与者的参与，则产品无法生产或运输，客户订单可能无法完成，同时这些组织相互之间的依赖性在很大程度上是造成跨境供应链高脆弱性的直接原因。①

4.1.2　跨境供应链的信息系统

1. 供应链管理系统

供应链管理系统是为了实现供应链上各企业的共同目标，对整个供应链的物流、信息流、资金流进行集成管理和统一协调的计算机软硬件系统、网络与通信系统，以及有关数据、规章制度和人员的统一体。供应链管理系统是基于协同供应链管理的思想，配合供应链中各实体的业务需求，使操作流程和信息系统紧密配合，做到各环节无缝链接，形成物流、信息流和资金流合一的管理模式。②

供应链管理系统由计划系统和执行系统构成。供应链计划系统主要职能包括需求计划、分销计划、生产计划、排序计划、物流计划等；供应链执行系统主要职能包括订单计划、生产、物流管理、运输管理等。

作为供应链执行系统的一个子系统，供应链协同（Supply Chain Collaboration）系统是一套完整的供应链采购解决方案。它通过为企业搭建供应商管理协作平台，提供一套科学、高效的供应链协同管理思路，实现供应商与企业之间的信息实时分享，实现供应与生产的高度配合，提高企业与供应商对生产和市场变化的应对能力及作业效率。

2. 跨境供应链信息系统

与一般的供应链管理系统不同，跨境供应链对信息系统有特殊的需求。目前，企业资源管理（Enterprise Resource Planning，ERP）系统已得到了广泛应用，企业可以通过 ERP 专业软件来处理采购、生产、销售订

---

① Hintsa J，Uronen K. CASSANDRA Compendium［R］. Lausanne：Cross-border Research Association，2012.

② 黄梯云，李一军，叶强. 管理信息系统［M］. 北京：高等教育出版社，2019：299-302.

单、仓库管理和财务等活动。但由于国际贸易中需要传递的数据和单证种类繁多，通用 的 ERP 软件主要用于国内市场企业的运作，其系统设计往往无法满足跨境供应链的需要。尽管有的国际知名 ERP 软件提供了服务国际贸易的模块，但由于各国（地区）进出口合规要求不同，这类服务国际贸易模块的本土化应用常存在“水土不服”的情况，往往无法处理专门的出口数据维护、出口单证格式、出口交易的复杂流程以及目的国相关的合规要求，因此，在跨境贸易领域无法像其他 ERP 模块那样形成在全球范围内通用的成熟产品，企业通常在 ERP 软件之外还需要使用其他本土的软件来处理复杂的运输安排和出口申报需要的数据和文件。少数企业甚至缺乏服务国际贸易的专业软件，而仅通过一般的文档和电子表格来处理相关活动。例如，通过调研访谈发现，某国内眼镜生产商在出口过程中用 Excel 表格来处理出口数据，尽管欧洲进口商对该企业生产眼镜的质量和价格非常满意，但该眼镜生产商发送给欧洲进口商的用于欧盟进口眼镜申报的电子数据经常出现错漏，应随附的原产地证明也会偶尔忘记发送，从而影响了欧洲进口商跨境供应链的合规。类似的，如果跨境供应链环节不使用专业系统往往会导致以下问题：①

（1）耗时重复输入数据。数据首先必须输入公司的处理系统，然后再分别输入到相关出口文件，还可能需要在单个文档之间重新键入或复制并粘贴。

（2）容易出错。无论是重新键入或复制并粘贴都不可避免地容易造成错误。这样的错误在货物抵港时会在抵达港申报时造成严重问题，如导致信用证被拒等。文件中的错误是跨境供应链合规性中最常见的问题，也是造成违规的最主要原因。

（3）格式不一致。由个人直接输入或非结构化环境（如文字处理）产生的单证几乎不可避免地存在格式不一致的问题。这不仅给人以不专业的印象，而且也有可能造成单证不符合国际标准而在出入境审核时遇到问题。

（4）无法用于汇总报告。如果信息只是作为文本输入到单证中，而不是作为数据输入到一个适当的系统中，那么这些信息就不能用于管理报告业务。

---

① Branch A E. Global supply chain management and international logistics [M]. New York: Routledge, 2009: 114-115.

（5）采用人工输入的方式意味着该企业缺乏能够以正式流程来保证相关单证信息正确的产生，也表示着完成跨境运输仅仅依赖于操作者个人的专业知识和专注程度。

（6）缺乏格式化的历史数据用于数据分析。使用文字处理或电子表格制作出口文件的企业仅以文字形式存储数据，并没有格式化的历史数据，无法按客户、产品、地区和时期等维度开展数据分析。

因此，跨境供应链国际贸易的专业系统需要与企业的管理软件相整合，避免手工操作以减少对员工个人专业知识的依赖，消除重复输入以降低错误发生率，加速信息流转并监控整个运输过程，根据国际通用格式生成相关文档，并能够有效进行后续数据管理和分析。

3. 跨境供应链数字贸易基础设施

数字贸易基础设施（Digital Trade Infrastructures，DTI），是指应用于国际贸易领域的数字基础设施，使所有相关方之间的信息共享从而减少信息碎片化。基于跨境供应链信息协同的特点，Rukanowa 等人构建了数字贸易基础设施的分析框架。该框架从系统架构、过程和治理三个维度进行了全面分析，并从不同角度对跨境供应链数字贸易基础设施进行分类（见表 4-2）。[①]

表 4-2　数字贸易基础设施的分析框架

维度	类别	值
系统架构	范围	国内、跨国、全球
	角色	企业、政府、中介； 直接参与、间接参与
	数据交互	企业对企业（B2B）、企业对政府（B2G）、政府对政府（G2G）
	类型	数据管道（传输文档或仅传输事件）、国内信息中枢
过程	发展阶段	试点启动、运行和维护、新服务

① Rukanova B, Henningsson S, Zinner Henriksen H, et al. Digital trade infrastructures: A framework for analysis [J]. Complex Systems Informatics and Modeling Quarterly, 2018 (14): 1-21.

表4-2 续

维度	类别	值
治理	基础设施的治理	正式、非正式
	决策权	参与决策权；用户选择权，包括标准制定、成本效益分摊、数据访问；平台资源使用权

在“系统架构”维度上，数字贸易基础设施的分析框架区分了国家（地区）、国际和全球三级。参与者角色可分为企业、政府或中介，或按参与程度分为直接参与者与间接参与者。其中，系统架构包括的数据交互有企业对企业（B2B）、企业对政府（B2G）和政府对政府（G2G）三种类型。

在“过程”维度，将数字贸易基础设施的发展阶段划分为试点启动、运行和维护，以及新服务。数字贸易基础设施的类型概括为国际性的数据管道和国内的信息枢纽，其中，根据信息交换的丰富程度，数据管道被进一步区分为可以交换实际文档的“厚”（Thick）数据管道和仅交换事件信息和链接的“薄”（Thin）数据管道。

在“治理”维度，从治理类型和决策权两个方面分别进行描述。基础设施治理类型可分为正式与非正式两种，决策权可以分为参与决策权、用户选择权和平台资源使用权，其中，用户选择权包括标准制定、成本效益分摊、数据访问等方面。

4.1.3 跨境供应链信息传递的流程

跨境供应链的参与者众多，形成了复杂的供应链网络，需要完成信息流、资金流和物流的传递过程。基于供应链运作参考模型（Supply Chain Operations Reference，SCOR），Hammadi 等人对跨境供应链的信息传递网络进行了描述（见图 4-1）。[①] 从图中可见跨境供应链涉及几十个参与者之间的信息传递，信息传递网络十分复杂。

① Hammadi L, Cursi E S D, Barbu V S, et al. A SCOR model for customs supply chain process design [J]. World Customs Journal, 2018, 12 (2): 95-105.

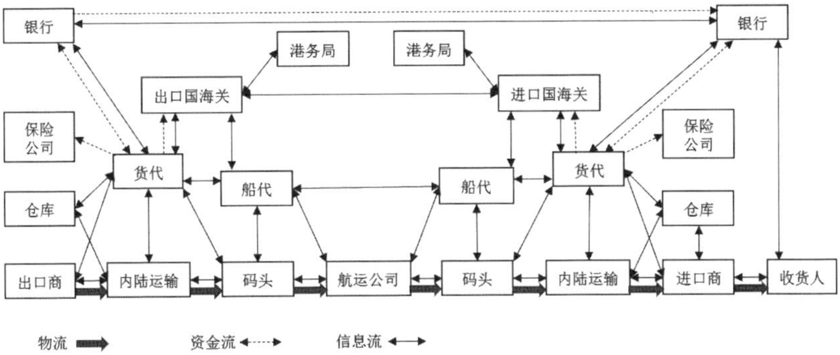

图 4-1　跨境供应链信息传递网络

资料来源：Hammadi L，Cursi E S D ，Barbu V S ，et al. A SCOR model for customs supply chain process design［J］. World Customs Journal，2018，12（2）：95-105.

从信息传递的流程来看，跨境供应链涵盖的信息传递范围还受到国际贸易合同的影响。以装运港船上交货（FOB）方式下的跨境供应链为例，其基本的活动如下：①

（1）收到采购订单，进行制造或采购；

（2）完成订单以便发货，托运人的指示函已发送给货代；

（3）货代发起船舶预订；

（4）货代在起运地发起运输预订，准备集装箱提货、装箱单；

（5）码头接收集装箱；

（6）起运地海关放行；

（7）集装箱装船；

（8）船公司签提单；

（9）起运地货代向目的地货代发送包含提单、发票和其他单证的资料；

（10）在船舶到达目的地的前几天，船公司发出预计到港时间 ETA（Estimated Time of Arrival）信号；

（11）目的地的货代进行单证的核对并启动陆路运输预订；

（12）船舶到达，集装箱卸货；

（13）目的地海关放行；

（14）集装箱提货交付至仓库；

① Hintsa J，Uronen K. CASSANDRA Compendium［R］. Lausanne：Cross-border Research Association，2012.

（15）运输操作员或仓库操作员生成交货证明。

根据 Veenstra 等人的实地调研，以中国广州盐田口岸出口服装至欧盟的一条跨境供应链为例，信息传递流程见图 4-2。①

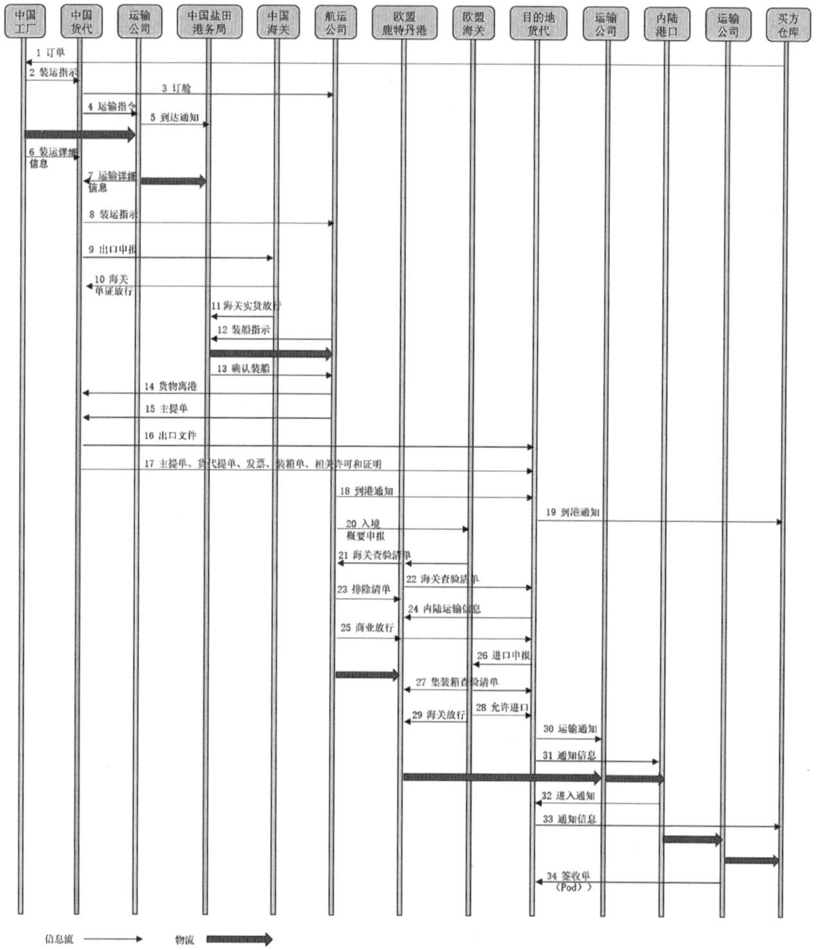

图 4-2　跨境供应链信息传递流程图

资料来源：Hintsa J，Uronen K. CASSANDRA Compendium［R］. Lausanne：Cross-border Research Association ，2012：35.

① Hintsa J，Uronen K. CASSANDRA Compendium［R］. Lausanne：Cross-border Research Association，2012.

4.2　面向跨境供应链合规信息传递的特殊性

4.2.1　跨境供应链与境内供应链的信息传递比较

与一般意义的供应链一样，跨境供应链中的各项决策也是由信息驱动的，但与境内供应链相比，跨境供应链的信息传递在以下三方面有着显著不同。

1. 参与主体不同

在境内供应链中，主要关注从供应链上游至供应链最终消费者涉及的直接环节之间的信息传递，包括企业与企业、企业与消费者之间的信息流动。例如，原材料或零部件供应商、制造商、批发商和分销商、零售商、第三方物流服务提供商和顾客之间的信息交互，一般无须讨论企业与监管部门之间的信息交互。

在跨境供应链中，由于涉及进出境的海关申报，因此口岸监管机构也是跨境供应链信息传递的重要参与主体。在跨境供应链中，除了跨境内外买卖双方的信息传递之外，还包括在跨境环节的其他各类组织的信息传递。例如，负责组织和贸易便利任务的各类代理人、负责运输的各类承运人、境内外的口岸监管部门和融资服务企业等的信息流动，特别包括企业与企业、企业与政府、政府与政府的多方信息流动。

2. 信息传递内容不同

通常，供应链的信息流主要有以下五种类型。一是决策信息流，包含产品数量、产品种类、运作成本、产品和服务质量、市场营销和产品开发等；二是监控信息流，是指运作过程中的产品或设施运行状态时的数据采集与处理；三是物流信息流，是指订货、发货、送货过程中有关商品流动的配送信息，例如，货物流向，送货地点、数量、方式，渠道库存等；四是交易信息流，包含需求信息和供给信息。供给信息是指原料和零件的供货期、价格、品类和技术特性等。需求信息是指需求者、购买量、价格和需求分布等。五是资金信息流，是指现金流的规模、流动速度和变化趋势。

对跨境供应链而言，在上述五种类型的基础上，增加了合规信息流，即包括进出口申报单、检验检疫证书、原产地证明、配额证书，以及其他进出口申报需要的各类证书和许可证等。因此，在跨境供应链中信息内容更广，加之相关企业往往处在不同国家（地区），或存在语言障碍，信息传递难度更大。

3. 信息传递的目标不同

通常供应链信息共享是为了增加供应链的响应性，降低成本。供应链信息共享能降低牛鞭效应带来的不确定性。牛鞭效应（Bullwhip Effect）是供应链上的一种需求变异放大现象，是信息流从最终客户端向原始供应商端传递时，无法有效地实现信息共享，使得信息扭曲而逐级放大，导致需求信息出现越来越大的波动。这种信息扭曲的放大作用在图形显示上很像一根甩起的赶牛鞭，因此被形象地称为牛鞭效应。供应链管理将通过加强信息共享与业务集成、提高预测精度、实施订货分级管理、建立伙伴关系等策略消除牛鞭效应带来的不确定性。由此可见，一般供应链信息共享主要以商业利益最大化为目标。

除了上述目标之外，跨境供应链的信息传递还以合规为目标。为满足进出口国家（地区）海关的申报要求，企业需要依法向口岸监管部门提交相关数据和随附单证，为此相关企业需要从境内其他供应链伙伴处收集相关信息。此外，两国（地区）海关之间通过国际合作交互信息，这些跨境供应链的信息传递也是以合规为目标的。因此，跨境供应链信息协同不仅服务于供应链企业的商业运作和利益最大化，而且还面向跨境供应链合规，在保障供应链和国门安全的前提下促进贸易便利。

4.2.2 海关在跨境供应链中的作用

在供应链管理领域，鲜有研究者将政府作为供应链的参与者进行研究，但在跨境供应链领域，进出口两国（地区）的政府监管政策对跨境供应链运作有着重要的影响。甚至有研究者将跨境供应链定义为“海关供应链”，认为海关供应链包括货物和信息从出口商通过运输流程、物流运作、海关过境和财务流程转移到最终进口商的所有方面。海关供应链管理的领域不再局限于一国境内，而是涵盖所有出口商、进口商和制造商等参与者所在的相关国家（地区）。① 当然，上述定义主要是站在海关的角度来描述跨境供应链，若从跨境供应链的角度来审视海关的作用和角色，海关在跨

① Hammadi L, Ouahman A A, Cursi E, et al. An approach based on FMECA methodology for a decision support tool for managing risk in customs supply chain: a case study [J]. International Journal of Manufacturing Technology & Management, 2018, 32 (2): 102-123.

境供应链物流活动的监管中的确发挥了关键作用。合规对跨境供应链的成本有多方面的影响，主要包括有以下几个方面。

（1）直接成本，包括关税、消费税、增值税、反倾销税、反补贴税等。

（2）企业为遵守海关监管规定要求在信息系统、企业内控、关务管理等方面的业务成本投入，例如，为满足 AEO 认证要求而发生的培训成本、供应链监管成本、信息化持续维持成本、进出口审计监督成本和其他管理成本等。

（3）由于未能利用任何海关制度或贸易优惠而产生的成本，可能包括机会成本，例如，未能有效利用原产地规则获得产品关税优惠而产生的机会成本。

（4）口岸通关时间延误造成的成本，例如，由于清关时间延长、通关时间不确定性大，导致的订货提前期增加，或造成的缺货违约损失以及库存成本的增加。

（5）违规造成的处罚成本，包括警告、罚款、责令停产停业等行政处罚以及刑事处罚等。

若跨境供应链信息无法及时准确地在供应链网络成员中有效传递，将直接造成上述成本增加。例如，价格信息错误导致的税收成本增加，申报错误造成的通关时间延长甚至受到行政处罚等。

4.3　跨境供应链合规与信息协同存在的问题

面向跨境供应链合规，信息传递的目标是实现信息在跨境供应链主体之间准确、高效、实时地传递，即信息协同。若跨境供应链信息缺乏协同，那么带来的负面影响同时作用于监管部门和企业双方。对监管部门而言，获得的申报数据来自代理人（报关行、货代等），他们无法直接有效获取供应链上买卖双方的完整信息，难以认定数据的真实性和准确性，这不仅增加了审核成本，也会造成税款流失，而且存在供应链安全准入风险。对企业而言，信息传递失真导致牛鞭效应被进一步放大，增加了供应链中断和延迟的可能，而且信息不透明客观上削弱了企业对供应链的掌控力，造成供应链合规风险增大。但由于跨境供应链系统高度复杂、缺乏跨境政企数据共享平台、企业合规能力不足、跨境司法管辖权分散和数据私密性阻碍共享等原因，跨境供应链信息协同中存在供应链信息碎片化、信息协同流程低效和数据质量有待提升等问题。

4.3.1 问题描述

1. 供应链信息碎片化

跨境贸易参与方众多、业务流程复杂、业务种类繁多的特点，直接导致了数据源零散繁杂、数据内容私密且敏感、数据格式缺乏规范的问题，其结果便是跨境供应链业务信息碎片化，形成数据孤岛。跨境贸易中的数据产生自不同业务环节上的各个不同参与方，部分数据还会经由一个或多个其他环节进行流转与加工。据联合国贸易和发展会议（UNCTAD）与联合国贸易便利化和电子商务中心（UN/CEFACT）的测算统计，每单货物平均涉及 27 个贸易参与方、40 种单证，以及近 400 份单证的拷贝，其中大部分环节涉及不同国家（地区）多个参与方，由于不同国家（地区）监管机构间的协同合作，直接导致了数据生产源众多，且数据流错综复杂，传统数据平台在数据收集、汇总、对账中均面临着严峻的技术挑战。[①]

跨境贸易全流程中涉及的参与方流程间协同合作也十分烦琐。据研究表明，从肯尼亚出口鳄梨至荷兰的过程中，有 100 多个来自 30 个不同组织的人员参与，涉及 200 多项信息需要交换。[②] 而欧盟的 CASSANDRA 项目数据显示，从广州盐田港出口服装至英国费利克斯托港的过程中，需要涉及来自买方、货代、承运人、港口服务商、进出口国海关等近 10 个系统的数据交换。此外，层层外包使得实际的买方和卖方信息常常被隐藏于复杂的合同和条款之后，拼箱、多式联运等运输方式则进一步增加了单证信息传递的复杂程度，加剧了跨境供应链数据有限的透明度和可视性，信息协同程度较低，加大了跨境供应链合规的难度。

2. 信息协同流程低效

目前，跨境供应链信息协同普遍存在处理效率低、动态适应性差、信息交互成本高等流程低效的问题，具体表现如下。

（1）在处理效率上，由于跨境供应链主体间交易仍然存在着大量的传统纸质单证，不仅无法有效降低欺诈风险，也在一定程度上影响了跨境贸

---

① 金融壹账通. 跨境贸易区块链白皮书［R］. 2019.

② Jeacocke S，Kouwenhoven N. TradeLens uses blockchain to help Customs authorities facilitate trade and increase compliance［J］. WCO News. 2018：64-67.

易的处理效率。

（2）在动态适应性上，纸质文件、手写签名等数据的传导存在误差、作假且传递时间长的问题，在面对突发事件时难以快速被识别并进行适应性方案调整，动态适应性较差。

（3）在信息交互成本上，数字化程度较高的企业之间通过接口对接口的点对点（Peer to Peer）连接方式实现供应链上下游企业之间的数据共享与流转，但由于企业间的数据孤岛严重，隐私保护阻碍了数据共享，也增加了企业间信息交互成本。由于跨境供应链企业之间很多交互环节数字化程度并不高，这些本来需要通过系统到系统的通信来完成的信息传递依然需要通过电子邮件、传真和普通邮件等人工方式来完成，在检查此类数据文件的准确性和完整性方面需要耗费大量的时间，以及进行额外的管理工作。

由于跨境贸易的业务特殊性，物流、资金流和信息流上任何一个环节的缺失或出现问题，都可能导致整个链条业务流程的协同低效，进而直接影响贸易以及通关效率。理论上，资金流和信息流的传递速度应该远远高于物流速度，但由于跨境供应链信息协同流程低效，常常导致货物在码头堆场等待单证集齐或其他信息发送的情况。因此，有待建立一个涵盖跨境供应链各个主要环节且高度数字化和自动化的信息系统，以及完善的协同机制，以促进跨境供应链信息协同效率的提升。

3. 数据质量有待提升

为实现跨境供应链合规和信息协同，跨境供应链的数据质量在真实性和可信性等多个维度有待进一步提升。

在数据真实性方面，跨境贸易中各数据源即参与方数量众多、类型复杂，且分布在不同国家（地区）的管辖区，在没有可靠电子化流程系统的情况下，业务链中任意一方想要确认其他各环节的参与方身份的真实性和数据的真实性都比较困难。难以确认数据的真实性极易让跨境供应链企业面临合规风险。同时，也存在着少数合规意愿弱的企业伪造、篡改单证数据和故意提供虚假数据的可能。

在数据可信性方面，跨境供应链信息的层层传递直接影响数据可信度。尽管法律法规要求提供关于所运载货物的准确数据，但是运输合同的复杂性以及在国际上运输货物所需的系统和程序仍需要发货人雇用货运代理等代理人来管理跨境供应链物流过程。约 60%的船舶舱单信息传递被描述为“代理对代理”，即一个国家（地区）的货运代理将货物托运给目的地国的另一个货运代理。业务链上单一环节的数据来源也往往较为单一。以海关为例，其监管所需的大部分数据通常来自报关行等代理人或经认证经营者企业（AEO 企业），然而这些企业的数据也并非全为一手数据。数据经过跨境供应链的层层传递直接削弱了数据的可信度。例如，发货人需要确保订单与符合发票的装箱单相匹配，装箱单应与装运单、运输合同相一致，如果装箱单存在错误，那么相关的单证都会出错。数据缺乏可信度不仅导致跨境贸易过程中信息核实环节需要投入大量的时间和人力成本，还增加跨境供应链的合规风险。

4.3.2 原因分析

1. 跨境供应链系统高度复杂

跨境供应链是一个复杂的系统，具有参与者众多和不确定性高的特点，因此在促进多主体间信息协同中面临挑战。

一方面，跨境供应链涉及主体众多，涉及多主体协作。在表 4-1 中，跨境供应链的参与者除供应链上下游企业外，物流服务企业、金融机构和不同国家（地区）监管机构等多方都有参与。随着信息跨越不同的组织使得跨境供应链的信息传递复杂程度显著增加。

另一方面，跨境供应链面临高度不确定性。例如，在货物出口前，需要将集装箱准时装船，但订舱往往是在最后期限才确定的，因此卡车从工厂的确切提货时间往往无法预先确定。当货物到达进口国（地区）时，船舶到达时间是文件准备（运输预订、到达最终目的地通知、海关申报）的重要截止日期，但准确的船舶到达信息也往往难以获得。供应链是商流、物流、信息流、资金流合一的网链体系，四流相互牵动，与供应链紧密连接，需要进行统一的计划、组织、协调与控制。同时，受牛鞭效应影响，供应链上下游间环环相扣，任何一环的变动都会引发其他环节的波动，且影响逐级放大。在信息流从终端客户向原始供应商传递时，由于缺乏信息共享，信息在传递中可能存在扭曲风险，从而导致供应链体系的波动与不稳定。

2. 企业合规能力不足

跨境供应链信息传递是否能够实现企业与企业之间和企业与监管部门之间的信息协同，不仅取决于企业的合规意愿，还取决于企业的合规能力。

根据英国海关 Widdowson 提出的守法管理模型，把企业分为四个类别：第一类，自愿守法且具备守法能力的企业；第二类，愿意守法但守法能力有限的企业；第三类，守法意愿不强，需要监督的企业；第四类，故意违法的企业。[①] 一直以来，企业法定申报数据是海关的主要数据来源，海关据此通过数据挖掘、文本分析、图像识别等智能预测模型对监管对象进行风险识别和评估，然后根据其风险高低进行差异化处置，以便兼顾贸易安全与便利的双重目标。

尽管在实践中存在少数企业申报不实甚至故意走私的情况，例如，第三类守法意愿不强的企业和第四类故意违法的企业，造成了海关与被监管者间的信息不对称，但在现实中更多企业的申报错误并非出于故意违法，而是守法能力不足，即属于第二类愿意守法但守法能力有限的企业，例如，由于信息化水平较低、管理水平不高等原因，这些企业需要通过数据共享与整合来提升供应链的可视性与透明度，同步获取货物及交易状态信息，实现跨境供应链信息协同，提高合规水平。

3. 数据私密性阻碍共享

在跨境供应链中，企业数据的私密性也会阻碍数据共享。跨境贸易中各参与方产生并拥有的数据往往是高度商业机密。供应链企业之间的合作若需要对方企业共享产品的成本信息、客户的需求信息、销售数据信息，而这些信息对于企业来说是商业机密，那么供应链企业之间的合作存在着道德风险。因此，出于信息安全及自身商业利益的考虑，参与方往往没有意愿与任何第三方，尤其是直接或间接的竞争对手进行数据共享，由此致使数据难以整合到平台系统，形成了一座座数据孤岛。跨境货物运输过程进行责权分离时，各经营主体也不愿意为难以控制其他运输或仓储过程而担责，因而在数据集成时跨界共享的信息平台难以实施，增加了供应链参与者数据共享的难度。因此，对跨境供应链的信息协同不仅仅要确保数据安全，还需要实现数据保密。

4. 跨境司法管辖权分散

跨境贸易因业务特点，其商品流、资金流和数据流势必都将跨越至少

---

① Widdowson D. Managing risk in the Customs context ［M］ // De Wulf L, Sokol J B. Customs Modernization Handbook. Washington, D. C: World Bank, 2005: 91-99.

两个不同国家（地区）的监管主体，任何一个管辖主体都几乎不可能将自身对数据流的控制权和拥有权交由其他主体。[①] 尽管跨境供应链下游的进口国（地区）监管机构想要获取到完整的跨境供应链物流和贸易信息用于风险分析和监管，但进口国（地区）的监管机构对出口国（地区）的企业没有跨境的司法管辖权，往往只能间接要求本国（地区）的进口企业间接提供，而很难直接从跨境供应链上游的数据源头直接获取。即使对具有司法管辖权的本国（地区）企业，海关强制要求企业扩大申报数据范围提供更多、更完整的供应链数据项也不符合国际规则。根据《经修订的京都公约》，企业申报数据范围为各国（地区）海关遵循“最少必需”原则统一选取的最小数据集，如果要求所有企业都必须强制申报更多的数据则势必会增加企业的管理成本，这与海关促进贸易便利、提升营商环境的初衷相悖。因此，跨境司法管辖权分散客观上降低了口岸监管部门跨境供应链完整数据的可获得性，亟待通过跨境贸易数字化的技术方案以企业和政府自愿开展数据合作等方式来实现跨境供应链信息协同，用于改善跨境供应链合规的数据质量。

① 金融壹账通. 跨境贸易区块链白皮书［R］. 2019.

第5章　国际海关跨境供应链合规与信息协同的解决路径

5.1　跨境供应链一体化管理

5.1.1　一体化供应链管理的实施要求

2005年6月，世界海关组织理事会通过了《全球贸易安全与便利标准框架》（SAFE Framework of Standards，简称SAFE Framework），该框架旨在打击国际恐怖主义，确保海关税收安全，并在全世界范围内促进贸易便利化。该框架包括三大支柱，分别是海关与海关的合作、海关与商界的合作，以及海关与其他政府部门间的合作。其中，世界海关组织于2004年6月发布的《供应链一体化管理指南》（Customs Guidelines On Integrated Supply Chain Management，简称ISCM Guidelines）被列为《全球贸易安全与便利标准框架》中第一个支柱——海关与海关合作的相关系列工具和指南之一。[①]

跨境供应链的日益数字化为更有效实现访问、获取、整合和分析数据创造了大量的机会。《供应链一体化管理指南》中提出的“一体化供应链”特指实现信息协同的跨境供应链。其实现方式为，在跨境供应链中的企业提前向海关提供了风险分析需要的信息的情况下，各国（地区）海关之间快速而准确地交换国际贸易供应链中的物流信息，海关监管结果互认。该指南中的“一体化供应链”非常强调各国（地区）政府与供应链相关企业在货物装运之前就充分开展合作，从而让进口国（地区）海关在货物到港正式申报之前就能够获取到开展风险分析所必要的信息，由此“一体化供应链”中的货物应比其他供应链中的货物享受更多的通关便利。

---

① 世界海关组织的《全球贸易安全与便利标准框架》框架自2005年发布后定期更新，现已更新至2021年版；《供应链一体化管理指南》已更新至2018年版。最新版详见WCO网站（http://www.wcoomd.org/en/topics/facilitation/instrument-and-tools/frameworks-of-standards/safe_package.aspx）。

《供应链一体化管理指南》指出了该指南的必要准备工作，如实施该指南需要政府与供应链企业协商一致，建立海关信息系统，并制定相应的法律法规等，具体需要在以下各方面做好准备。

（1）出口国（地区）海关的风险评估与监管；

（2）使用唯一托运货物参考号（Unique Consignment Reference，UCR）；

（3）使用贸易商识别代码（Trader Identification Number，TIN）

（4）信息提供者对信息负有法律责任；

（5）明确风险评估所需的信息必须在何时（when）、何处（at what point）、向谁（whom）、以何种方式（how）、提供哪些信息（which），并确保信息只提交一次；

（6）明确海关将为经认证的经营者（AEO）提供哪些贸易便利；

（7）海关如何使用和保护收到的信息。

其中，唯一托运货物参考号（UCR）和贸易商识别代码（TIN）是世界海关组织倡议国际贸易商界使用的统一代码，旨在通过数据格式统一与标准化促进不同国家（地区）海关进行数据交换，实现监管结果互认。

唯一托运货物参考号（UCR）可看成是贯穿整个货物发送端到目的端物流链的一组代码，涉及的使用者包括进口商、出口商、中介商（如银行、保险公司等）和相关政府机关（如海关）等。从出口商接受国外订单开始，该批货物就被赋予一组可区别其他货物的唯一托运货物参考号（UCR），不论途中经过多少中间企业或政府机关，此号一直与该批货物的运输流程紧密结合在一起，直到国外进口商接收货物并完成通关手续为止。

贸易商识别代码（TIN）服务于经认证的经营者（AEO）在不同国家（地区）间的互认。原本 AEO 企业在其所在国一般会有企业登记代码，但在跨境供应链中这一代码不方便用于 AEO 互认国家（地区）之间在其他跨境管辖范围内有效识别这些企业。因此，贸易商识别代码（TIN）作为 AEO 企业在全球范围内统一且唯一的身份标志，可以用于在全球范围内有效识别该企业，并检索该企业的更多背景信息，如地址、联系方式、董事（合伙人）和法律状况等。使用贸易商识别代码（TIN）有助于各国（地区）海关之间对 AEO 企业识别与互认，予以 AEO 企业通关便利，提高通关效率，同时也有助于提升跨境供应链的数据可视性，保障供应链安全。

5.1.2　一体化供应链的信息传递流程

1. 一体化海关监管链下的信息传递流程

为实现跨境供应链安全和贸易便利化，《供应链一体化管理指南》提出将国际贸易中的各种程序和流程整合到一个一体化的海关监管链条（Integrated Customs Control Chain）中。在这样的一体化海关监管链条中，各国（地区）海关可以对海关监管结果等数据进行交换，尤其是对高风险货物的海关监管，也可以不通过数据交换而是使用 UCR 作为访问密钥，来根据访问权限对相关数据进行在线访问。

在海关数据共享的情况下，对跨境供应链海关监管的信息传递流程如下（见图 5-1）。

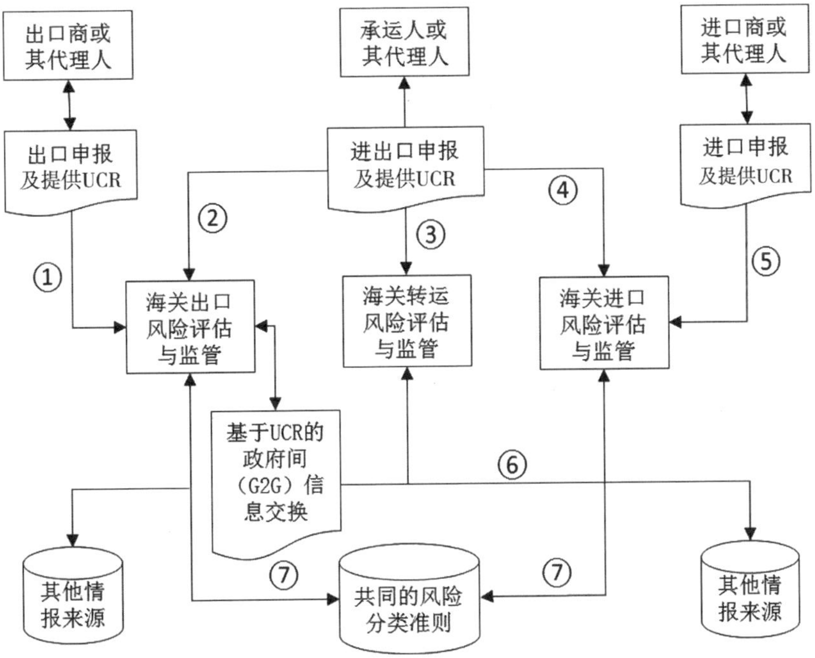

图 5-1　基于 G2G 信息交换的海关监管信息传递流程图

资料来源：《供应链一体化管理指南》。

（1）出口商或其代理人在出口时向海关首次申报出口货物。

（2）在出口时由承运人或其代理人向海关进行首次申报及完整申报。

（3）根据需要在运输途中向海关申报货物。

（4）如果第（2）项未进行，则承运人及其代理人在进口时向海关首次申报。

（5）进口商或其代理人在进口抵达前向海关首次申报进口货物。

（6）根据各国（地区）双边或多边的协议，进出口海关可使用 UCR 交换或允许互相访问离港或抵港信息。

（7）根据各国（地区）双边或多边的协议，进出口海关可确定统一的风险分类准则，以便在进出口时只进行一次性的风险评估。

其中，“在进出口时只进行一次性的风险评估”“海关监管结果互认”的理念也得到了其他研究者的认同。Veenstra 认为由于出口报关单是出口海关和进口海关进行所有风险评估的基础，因此海关查验应在原产国进行，即在供应链的起点进行检查。然后海关之间互认查验流程和风险评估结果，避免双重检查货物到达最终目的地之前的物流信息都作为系统自动生成的通知，在进口国（地区）口岸不再进行海关查验，其他必要的检查应该在跨境供应链的最末端进行（货物到达收货人处），因为在那时的开箱查验不会再造成物流上的延迟。①

2. 经认证的跨境供应链信息传递流程

在经认证的经营者（AEO）基础上，《供应链一体化管理指南》提出了“经认证的供应链”（Authorized Supply Chain）概念。在经认证的供应链中，参与跨境贸易的所有参与者都是经海关批准的，且能够遵守安全处理货物和相关信息提交的标准和要求。

对经认证的供应链可以采用一体化跨境监管简化程序，即进出口只需要提供简化的申报表和最低限度的信息。如果该供应链中经认证的经营者同意给海关在进出口和运输过程中在线访问其相关商业系统信息的权限，并且与进出口国（地区）的海关都同意了相互承认授权报关单数据交换，那么企业不需要再向进口国（地区）海关进行进口申报，进口国（地区）海关而仅需要从出口国（地区）海关获取出口申报的副本即可，当然这也需要进出口海关在要求企业提交的信息集内容上达成一致。在规定好进出口企业的法律责任之后企业提交的简化申报甚至可以简化为仅提供 UCR，海关使用 UCR 作为访问密钥在企业信息系统中直接访问相关信息。当然这

① 详见 Albert Veenstra 教授 2014 年在 Technische Universiteit Eindhoven 的讲座发言“Compliance and Control in Global Supply Chains”。

样的情况下海关需要有权限对贸易商的商业系统进行跨境审计。在经认证的供应链中，如果口岸部门建立了汇聚各方供应链企业数据的“货物共同体系统”（Cargo Community Systems，CCS 系统），那么海关应该考虑从这类系统中提取相关数据的可能性。

经认证的供应链信息传递流程见图 5-2。

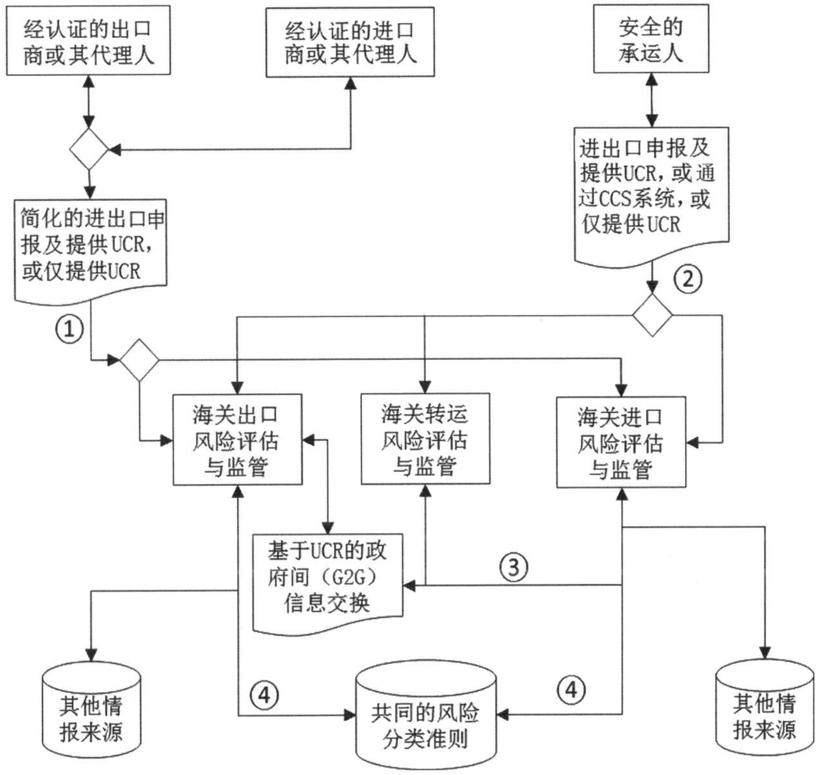

图 5-2　经认证的供应链信息传递流程图

资料来源：《供应链一体化管理指南》。

（1）经认证的出口商、进口商或其代理人在进出口时向海关提交简化的进出口货物报关单，并可以预放行。如果海关可以在线访问企业的信息系统并检索相关信息，那么可直接使用出口商、进口商或其代理人提供的 UCR 代替货物申报。

（2）承运人必须是安全的承运人，并在进出口和途中向海关提交信息。如果海关可以在线访问其系统或货物共同系统（CCS 系统），那么海关直接使用 UCR 即可。

（3）根据各国（地区）双边或多边的协议，在进出口和运输途中，海关可以互相交换或允许互相访问离港或抵港信息用于海关监管。

（4）经认证的供应链需要通过双边或多边的政府间协议确定进出口海关统一的风险分类准则，以及包括后续稽查在内的监管手续。

5.1.3 实施一体化供应链管理的挑战

1. 唯一托运货物参考号（UCR）有待推广

《供应链一体化管理指南》中提议的海关与海关之间的数据交换，以及经认证的供应链各方的信息交换都是以唯一托运货物参考号（UCR）为基础。作为国际通用的货物统一代码，唯一托运货物参考号（UCR）已在我国《国际贸易业务流程规范》等国家标准中有所说明和体现，也被很多企业在开展国际贸易业务中所使用。世界海关组织早在 2001 年 6 月就已经发出倡议，向各成员方以及企业推荐使用唯一托运货物参考号（UCR），并在 2003 年发布了唯一托运货物参考号（UCR）参考指南（2004 年修订）[①]。这一指南在国际贸易领域引起了非常大的反响，业界特别是海运界对其讨论更为热烈，既有反对的，也有赞成的。但由于其是非强制性执行的标准，一直未在全球范围内得到广泛推广和使用。中国海关也未要求进出口商和承运人在申报时提交唯一托运货物参考号（UCR），故在相关单证中这一参考号得不到体现。[②] 在此情况下，通过唯一托运货物参考号（UCR）来无缝链接从出口商、承运人到进口商等实体物流信息的只能在部分跨境供应链中得到体现，无法全面应用于海关监管，也无法据此进行各海关间的数据交换。

与此同时，世界海关组织的数据模型（WCO Data Model）已经被各国（地区）海关所广泛采用。该模型作为一组来源于跨境监管部门经过精心组合和协调的基本数据结构，可以用于海关与海关之间的数据交换，但仍无法起到唯一托运货物参考号（UCR）无缝链接从出口商、承运人到进口商等所有实体物流信息的作用。

---

① WCO. WCO Unique Consignment Reference（UCR）, 2004. ［EB/OL］. http://www.wcoomd.org/-/media/wco/public/global/pdf/topics/facilitation/instruments-and-tools/tools/ucr/ucr_new_e.pdf?la=en.

② 于申，凌定成. 中国海关实施“WCO 数据元和 UCR 为基础的数据交换”的相关研究［J］. 上海海关学院学报，2006，（2）：12-20，35.

2. 海关与海关之间的数据交换仍需加强

海关与海关之间的合作是《全球贸易安全与便利标准框架》的三大支柱之一，而《供应链一体化管理指南》是倡导海关之间的双边和多边合作，加强数据交换和监管结果互认，从而促进贸易安全与便利。

一直以来，我国海关积极开展与其他国家（地区）海关的国际合作。2015 年，我国海关建立了“一带一路”倡议海关数据交换与共享服务平台，实现与沿线海关以及世界海关组织等相关国际和区域组织标准化的数据交换，并为有需求的沿线海关开放云服务，共同提升海关监管智能化水平。基于中欧安全智能贸易航线试点计划（以下简称“安智贸”）①。上海海关与鹿特丹海关在两地相关数据安全法规框架内进行了跨境贸易链数据交换，并开通两条“安全智能贸易航线”，两地海关基于这两条航线的数据交换实现了空运进出口货物在双方海关的直接放行②。

2021 年 2 月 9 日，习近平总书记提出了“深化海关贸易安全和通关便利化合作，开展‘智慧海关、智能边境、智享联通’合作试点”的重大倡议。其中，“智享联通”理念倡导在世界贸易组织和世界海关组织的合作框架下，协调各国（地区）海关之间、海关与全球供应链相关各方之间，以智能化协同治理理念为指导，运用新科技设备，建立互联互通、实时协作关系，进而实现全球供应链点对点的无缝管理，共同促进全球贸易安全与便利。

但近几年来，一方面，世界经济不稳定性、不确定性明显增强，单边主义、保护主义蔓延，全球贸易保护主义有所抬头；另一方面，各国（地区）跨境数据流动的安全法规存在差异性，这些因素都给海关与海关之间的数据交换带来障碍。

3. 统一进出口的风险分类规则难度较大

《供应链一体化管理指南》的最终目标是实现各国（地区）海关的监管结果互认、AEO 互认、不同国家（地区）间统一海关监管方式，从双边互认到全球执行。该指南明确指出其实施应首先在国家（地区）层面进

---

① 安智贸是全球第一个全面落实世界海关组织《全球贸易安全与便利标准框架》的示范性项目。

② 中国新闻网. 上海海关与鹿特丹海关试水跨境贸易链数据交换　保障货物供应链安全与便利（2021-09-01）. https：//baijiahao. baidu. com/s? id=1709709299857389737&wfr=spider&for=pc.

行，然后在地区和全球层面推进，只有跨境供应链沿线的各国（地区）海关管理部门在海关监管、风险评估和供应链认证标准都已经统一时，该指南才会真正生效。

对照上述最终目标，自2004年该指南发布第一版至今，国际AEO互认得到持续推进，但若要跨境供应链沿线的各国（地区）海关实施统一标准的海关监管和风险评估难度仍较大。不同国家（地区）的海关服务于不同的国家（地区）战略目标，执行各自国家（地区）的法律法规，对于风险范围的认定、发生可能性、造成的后果等方面都不尽相同，因此，各国（地区）尽管可以在共同关注的风险领域开展合作，但很难在实践中采用统一的风险分类标准。从目前跨境供应链实践情况来看，实现《供应链一体化管理指南》中所倡议的"供应链沿线的海关管理部门实施了海关监管、风险评估和经认证供应链标准的统一标准"这一目标，仍然任重而道远。

5.2 以数据管道打通跨境供应链

5.2.1 数据管道概念的提出

针对跨境供应链存在的数据不透明、可视性差的问题，英国海关研究者David Hesketh提出了数据管道的概念，希望基于网络的无缝电子数据"管道"，将买卖双方、收发货人，以及供应链的其他相关企业联系起来，以保障供应链数据实时、准确且随着货物的运输过程而更新，并根据跨境供应链相关组织不同层次的风险管理需要实现数据共享（见图5-3）。[①] 而现有的国际公约尽管涵盖卖方和买方之间的货物运输，但更侧重于各方法律责任的界定，无法确保对货物的准确描述。

---

① Hesketh, D. Seamless electronic data and logistics pipelines shift focus from import declarations to start of commercial transaction [J] World Customs Journal, 2009, 3 (1), 27-32.

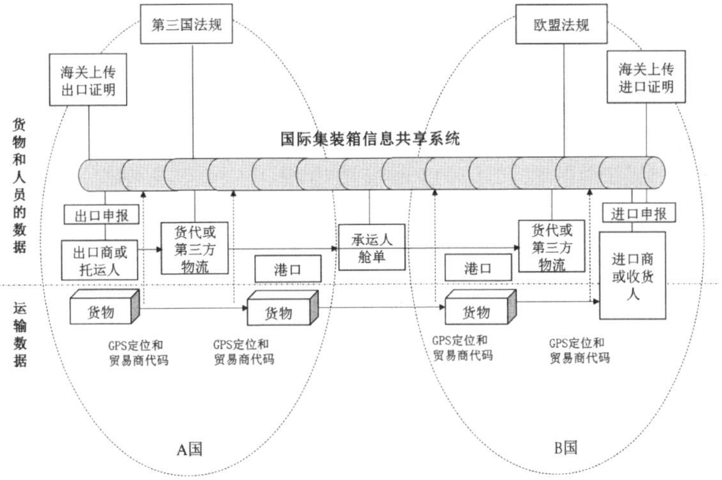

图 5-3　跨境供应链数据管道图

资料来源：Hesketh D. Weaknesses in the supply chain: who packed the box [J]. World Customs Journal. 2010, 2 (4): 3-20.

数据管道概念强调直接从源头获取数据，其理由是只有负责将货物装箱的人或托运人才真正知道供应链中运输的货物是什么。如果一开始装箱单有误或者不可见，那么后续生成的一系列货运单证（如运单和舱单）都可能不准确。在货物进口时，进口国（地区）海关无法要求国外的上游出口商提供货物的相关信息，而是要求本国的进口商和承运人提交相关申报信息，而承运人掌握的信息有时是不准确的，而进口商则“必须要为他们可能从未见过的货物负责”。① 因此，数据管道有望建立连接跨境供应链上下游所有参与者的数据传递渠道，使得下游的企业和监管机构能够直接获取跨境供应链上游（货物流动的源头）的真实数据。

数据管道的概念基于跨境供应链合规的视角，兼顾贸易安全与便利需要，已作为世界海关组织《供应链一体化管理指南》（2018 年更新）中的推荐实践。海关可以通过其系统的数据可视化界面来使用在数据管道中交换和再利用的商业信息，由此访问在商业贸易渠道中来自上游源头的原始供应链信息。在此情况下，海关的数据可视化界面除了企业申报数据之外还可以看到商业交易数据和运输事件详细信息，甚至比提供海关申报数据

① Hesketh D. Weaknesses in the supply chain: who packed the box [J]. World Customs Journal. 2010, 2 (4): 3-20.

的企业掌握的信息还要全面，而且由于这些直接从数据源头获得的数据准确度更高，可以增强海关的风险管理水平。除了海关端之外，企业端的数据可视化界面也可以根据其访问权限查看更多的跨境供应链相关信息，甚至可以通过应用程序接口（Application Programming Interface，API）等直接提取数据管道中的数据用于完成海关申报。①

5.2.2 数据管道的应用实践

在 David Hesketh 提出数据管道概念之后，2010 年至 2014 年欧盟委员会开展了“全球供应链风险的共同评估和分析”（Common Assessment and Analysis of Risk in Global Supply Chains，CASSANDRA）项目的研究，将数据管道概念进行了实践试点应用。该项目特别关注跨境供应链的可视性，其研究重点是根据企业和政府加强全球集装箱运输安全的实际需求，采用风险管理的手段来保障跨境供应链安全，提升跨境物流效率。有来自英国、荷兰等 10 个欧洲国家（地区）政府和企业的 26 个参与者参与其中，面向海关风险管理的数据共享需求共建数据管道，提升海关对跨境供应链的风险管控能力，同时促进跨境供应链企业间的数据共享。

该项目希望通过试点研究发现当口岸监管部门有更多跨境的供应链数据用于加强其物流风险监管时，跨境供应链是否可以更加高效安全运作。包括海关、物流企业、港口和供应链企业等所有参与方需要对跨境供应链数据管道上互通的数据交换流程达成一致，以更灵活、标准化的应用程序接口来连接企业与海关的系统。该项目在中国至欧洲、欧洲至美国和欧洲至非洲三条跨境贸易供应链上开展了实践，其中，中国至欧洲的实践项目是基于某公司从中国广州盐田港出口服装至英国菲利克斯托港的供应链。

该项目研究实践的特点如下：②

（1）基于系统与风险管理的创新方法贯穿项目始终。该项目利用跨境供应链中现有的信息和数据，根据不同参与者各自的风险关注点，同时基于跨境供应链可用数据指标，设计和实施基于系统和风险管理的跨境供应链管理方法，明确了多种类型的风险。

（2）开放、包容的跨境供应链参与环境。该项目向所有跨境供应链参与者

---

① WCO，2018. WCO Customs Guidelines on Integrated Supply Chain Management-ISCM Guidelines，[EB/OL]. http：//www. wcoomd. org/-/media/wco/public/global/pdf/topics/facilitation/instruments-and-tools/tools/ safe-package/guidelines-on-iscm. pdf? la=en.

② Hintsa J，Uronen K. CASSANDRA Compendium [R]. Lausanne：Cross-border Research Association，2012.

和政府部门开放，针对不同类型和拓扑结构下差异化的跨境供应链开展研究。

（3）促进合规。该项目基于各国（地区）政府现有的法律法规要求而展开，并通过政府与企业合作等创新的方式来增强跨境供应链中各方的信任。

（4）“不要重新发明轮子。”在吸取了以前相关领域研究项目经验教训的基础上，该项目最大限度地利用跨境供应链中现有的数据元、标准和技术。

5.3　再利用企业数据实现跨境供应链合规

5.3.1　欧盟的 ITAIDE 项目背景简介

2006 年至 2010 年，欧盟海关联盟与企业合作开展了“信息技术用于电子政务的分析和智能设计”（IT for Analysis and Intelligent Design of e-Government，ITAIDE）研究项目。该项目旨在提高全球贸易效率、安全和保障信息技术的创新，其信息基础设施框架见图 5-4。①

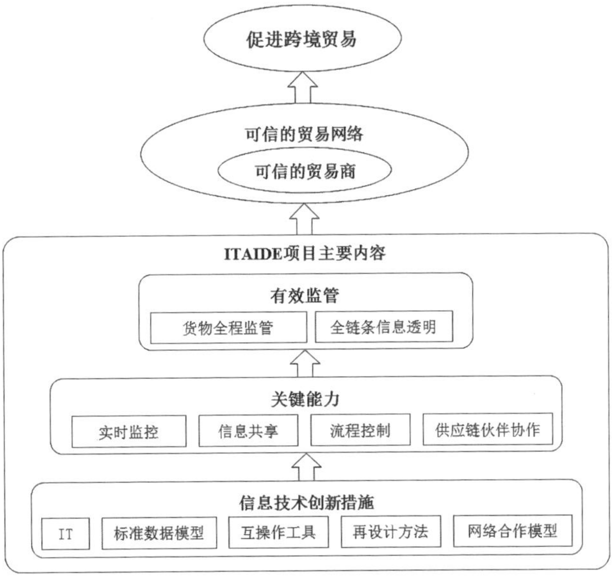

图 5-4　ITAIDE 信息基础设施框架图

资料来源：Tan Y H ，N Bjørn-Andersen，Klein S ，et al. Accelerating global supply chains with IT-innovation：ITAIDE tools and methods ［M］. Berlin，Germany：Springer-Ver-

① Tan Y H，N Bjørn-Andersen，Klein S，et al. Accelerating global supply chains with IT-innovation：ITAIDE tools and methods ［M］. Berlin，Germany：Springer-Verlag，2011.

lag, 2011: 23.

ITAIDE 项目包括三个关键组成要素，具体如下。

(1) 依赖于数据“搭载”(Piggy-backing) 原则，即将现有的商业数据进行再利用服务于政府监管。

(2) 提出了从“数据推送”(Data Push) 模式到“数据拉动”(Data Pull) 模式转变的思路，即从企业向政府提交信息转变为政府直接从供应链合作伙伴的业务系统中获取必要信息。

(3) 提出了 ITAIDE 信息基础设施框架和关键组件。该信息基础设施框架旨在降低通关时间促进贸易便利，被用于多个应用创新实验室 (Living Lab) 项目①。

5.3.2 “搭载”方式下的企业数据再利用

与以往的企业对政府的信息传递方式不同，所谓“搭载”原则是基于现有跨境供应链合作伙伴之间的数据传递系统，政府“搭载”在现有的企业对企业的跨组织信息系统 (Inter-Organizational Information System, IOS) 上，从中直接提取数据，如装箱单、发票等。由此，这些本来服务于跨境供应链运作传递的数据现在被政府用于海关监管。

“搭载”原则提出的依据是目前很多跨境供应链已经拥有完善的跨组织信息系统用于供应链的日常运作。如果仅为企业与政府传递数据的需要再额外建立专门的系统，将会对政府和企业造成额外负担，政府承担系统开发和维护的成本，但这些系统对跨境供应链企业而言并没有提供什么增值服务。因此，如果把现有的企业对企业的信息系统进行再利用，使其也可以用于政府监管，则不需要额外投资建设一个政府信息系统专门用于企业对政府的数据传递。此外，由于现有跨境供应链企业间信息系统传递的是真实的商业数据，直接获取这些数据有助于政府改善数据质量，从而提升海关风险评估和风险分析的准确性。

例如，在啤酒应用创新实验室项目中，喜力 (Heineken) 公司在运输啤酒的智能集装箱安装了防篡改嵌入式控制器 (Tamper-Resistant Embedded Controller, TREC)。该设备可以跟踪集装箱的精确位置，并监测集装箱内

---

① Living Lab 创新实验室强调技术测试、应用开发、用户参与、市场分析等多种创新需求在真实生活环境中的有机融合，是欧洲研发的一种具有特色的创新模式。

环境参数（如温度、湿度），监控容器物理状态（如门打开、篡改尝试）；可以自动触发消息，在集装箱实际离开预定地理区域、偏离预定路线、被未授权开箱等意外情况发生时通知其供应链合作伙伴。对供应链企业而言，TREC 设备传递的数据有助于确保供应链货物的安全，也服务于产品质量管控与物流管理。在 ITAIDE 项目中，TREC 数据的访问权限开放给了荷兰海关，让荷兰海关“搭载”了企业信息系统以便可以随时获取集装箱数据，因此荷兰海关并没有额外再建立信息系统用于接收企业集装箱信息，而是直接利用了现有的商业系统。这些 TREC 数据向荷兰海关提供了该供应链的可视性，了解了企业如何有效地进行供应链运营管控风险，由此荷兰海关将喜力公司作为可信任的贸易商，并相应降低对这些集装箱的查验率。

当然，政府通过“搭载”方式获取企业数据也需要一定的配套条件。一是现有跨境供应链成员之间的跨组织信息系统主要服务于商业目的，可能无法覆盖监管所有的信息需求，如国门安全需求等，只有企业愿意在其现有的跨组织信息系统上增加相应的功能才能满足政府“搭载”企业信息系统用于监管的目的。二是若要让“搭载”在实践中发挥更大的作用，不仅需要企业参与，还需要政府部门在海关监管法律法规方面有所调整，以最大程度重复利用现有的跨境供应链信息用于海关申报，否则海关直接从企业信息系统提取的数据无法直接作为企业的正式申报，企业在允许海关拉动方式提取数据之后还需要再次通过申报把数据推送给海关。

5.3.3　从“数据推送”到“数据拉动”

ITAIDE 项目建议政府从企业获取数据的方式由传统的“数据推送”模式转变为“数据拉动”模式，即从企业向各个政府部门（如海关等）申报（推送）信息转变为政府可以在需要时从公司的业务系统中获取（拉动）信息。

例如，在喜力公司啤酒应用创新实验室项目中，企业可以确保自己对供应链运营的完全掌控，同时作为海关的“可信贸易商”不再需要额外向海关申报任何信息，而海关则可以全天候安全地直接访问该供应链合作伙伴的业务系统，并在需要时“提取（拉动）”信息。当然，喜力公司啤酒应用创新实验室项目仍是一个阶段性实验，欧盟现实的法律环境仍然基于“数据推送”模式，但 ITAIDE 项目证明了“数据拉动”模式对企业和政府都有好处。企业可以减少投资开发或维护多个政府系统接口的成本，而政府（海关）则可以从源头获得原始商业数据的访问权，由于这些未经处理或汇总的数据质量更高，可以让政府（海关）更及时、准确地进行风险评估和管理。

喜力公司啤酒应用创新实验室项目是面向服务的架构（Service-Oriented Architecture，SOA），其数据传递流程见图 5-5。喜力公司将其业务数据复制到 EPCIS（Electronic Product Code Information Services）数据库，荷兰海关将海关预警数据等复制到 EPCIS 数据库，承运人将提单等物流数据复制到 EPCIS 数据库，TREC 设备生成的集装箱跟踪和状态信息也通过安全网络发送到 EPCIS 数据库，而进口国（地区）海关（如英国海关）可以通过发现服务（Discovery Service）访问 EPCIS 数据库。

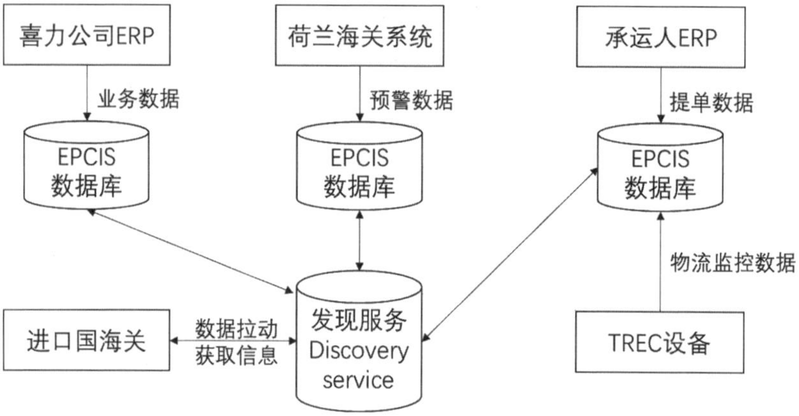

图 5-5　喜力啤酒应用创新实验室项目的 SOA 架构图

资料来源：Tan Y H，N Bjørn-Andersen，Klein S，et al. Accelerating global supply chains with IT-innovation：ITAIDE tools and methods［M］. Berlin，Germany：Springer-Verlag，2011：43.

政府在“搭载”方式下再利用企业数据可以有多种方式，如企业通过数据接口将其数据“推送”给政府，而“数据拉动”可以被视作政府在“搭载”方式下再利用企业数据的一种特殊情形，甚至不需要企业在原有的系统上增加给政府提供数据的接口。政府通过 SOA 等方式实时直接访问企业的信息系统，获取原始的业务数据，企业的 ERP 系统也不必为满足海关的申报要求而转换数据格式。

5.3.4　再利用企业数据的制约因素

ITAIDE 项目中多个企业与政府合作开展的应用创新实验室研究结果显示，企业若要获得贸易便利化，需要成为海关信任的贸易商，其先决条件是企业必须加强跨境供应链的信息系统建设，并完善对跨境供应链的运作管理，使跨境供应链更安全而透明。同时，ITAIDE 项目也在实践中发现了一些制约政府以“搭载”方式对企业数据再利用的因素，主要包括企业意愿、信息技术和法律法规三个方面。

（1）企业愿意开放部分其系统数据给政府是政府可以“搭载”企业信息系统数据的先决条件。尤其是从“数据推送”模式转变为“数据拉动”模式之后，政府可以直接访问企业信息系统，对企业的配合度和参与意愿要求更高。虽然参与 ITAIDE 项目应用创新实验室的各个企业都持有积极的态度与政府合作，但并不是所有企业都愿意这样做。

（2）在信息技术基础设施投入方面，智能集装箱等相关物联网设备有待进一步成熟和普及。例如，在啤酒应用创新实验项目中发现，尽管 TREC 设备功能强大，但存在电力消耗大而电池容量有限的问题，TREC 设备从进口国（地区）回到出口国（地区）的逆向物流问题也有待解决。此外，智能集装箱监控设备不仅需要大量硬件设备资源投入，还需要建立全球安全通信服务网络来交换信息，是否有供应链物流服务提供商愿意投入于此并从中获得商业回报还有待进一步考察。

（3）目前欧盟海关联盟法律框架还不能支持 ITAIDE 项目应用创新实验室技术创新的长期开展。企业为实现跨境供应链合规领域的信息协同进行了技术创新，建立了跨境的信息技术解决方案，并通过应用创新实验室项目实践验证了“搭载”和“数据拉动”方式的技术可行性，但这些技术解决方案需要海关信息系统在间接税（增值税、消费税）征收和食品安全等领域拓展跨境监管的相关功能，并对有关的法律法规进行调整，以适应新技术解决方案下与以往不同的跨境贸易合规数据提交方式。

5.4　运用外部数据加强海关风险管理

基于数据驱动的理念，海关通过风险管理来降低对跨境供应链物流的干预以保证贸易安全与便利。海关风险信息来源十分广泛，从海关监管的全领域和全过程一直延伸至海关外部环节与数据渠道。除了企业依法申报和提交的数据之外，海关用于风险分析的数据来源既包括海关监管过程产生的内部数据和在贸易便利化措施激励下企业自愿共享给海关的数据，也包括国内行政机构或部门（如公安、港口管理等）的数据和国际合作（如上海海关与鹿特丹海关的跨境贸易数据交换[①]）获取的数据等外部数据。这些外部数据可以让海关获得除申报数据之外的多源信息用于交叉验证，以增加数据可靠性、完整性和及时性。瑞士跨境研究协会在欧盟海关联盟的PEN-CP（Pan-European Network of Customs Practitioners）项目发布报告[②]中列举了七类海关外部数据来源。这些外部数据来源从不同角度反映跨境供应链的全貌，提供了贸易、交易和物流等多方面的供应链信息，有助于海关加强风险管理，并促进跨境供应链的信息协同。

5.4.1 行业平台

行业平台是端到端收集跨境供应链物流和商业信息的信息系统，通常面向某种运输方式、贸易渠道或特定行业提供服务。行业平台上有大量的商业和物流信息，有助于海关在装运、贸易等方面对跨境供应链进行数据的交叉验证，从而有效开展风险评估。海关可以利用行业平台信息检查贸易商在贸易、运输、监管和其他文件中的信息是否一致，如托运人和跨境供应链上游企业报告的信息是否与进口商和跨境供应链其他下游企业报告的信息相同，或者报关数据是否与发票、提单和装箱单中的信息相符等，还可以甄别单证造假。知名的行业平台包括航空货运领域的CargoHub、海运集装箱领域的INTTRA和TradeLens，以及国际邮政快件领域的Post * Net。部分行业平台数据内容说明和数据覆盖范围见表5-1。

---

① 详见中国新闻网 https：//baijiahao. baidu. com/s？ id = 1709709299857389737&wfr = spider&for = pc（2021-09-01）.

② Männistö T，Hintsa J，Tsikolenko V. Enhancing customs risk management with external data［R］. Annual study report by the Pan-European Network of Customs Practitioners (PEN-CP), First edition, 2021.

表 5-1　行业平台详情表

行业平台	数据内容说明	数据覆盖范围
CHAMP 公司的 Traxon 货运枢纽平台	航空货运文件数据库，特别是预订和航空货运单、舱单和跟踪事件信息	占全球航空货运额的 30%以上，全球航空货运量覆盖 100 多家航空公司、1000 名其他供应链成员
E2OPEN 公司的 INTTRA	全球海运集装箱物流数据，包括装运指示、集装箱预订和集装箱跟踪事件信息	覆盖 60 多家海运公司和无船承运人以及 35000 多家托运人、175 个国家（地区）、全球四分之一的集装箱
IBM 和马士基的 TradeLens	开放的、区块链驱动行业平台。供应链各方可以共享电子文档，包括商业发票、装箱单、提单、海运单、出口文档、提前申报、预付费发票、原产地证书、装运指示、危险品申报和进口文档	覆盖 90 多个港口和码头、18 个承运人、16 个海关
万国邮联的 Post * Net	国际邮件的电子数据，包括位置和状态信息、邮件信息（发件人和收件人的姓名和地址、内容描述以及相关数量、重量和价值）和寄售信息（邮件寄售的来源、目的地、类别、重量和数量）	全球

资料来源：相关公司网站信息及 Männistö 和 Hintsa 的 PEN-CP 项目报告（2021）。

5.4.2　公司信息提供商

公司信息提供商提供了全球公司最新的商业数据。这些公司信息提供商从公共和私人数据源来收集和完善信息，建立的全球公司数据库信息时效性强、准确性高且信息可比，内容涵盖公司地址、法律地位、财务状况、公司规模、子公司情况、公司所有者信息和关联公司等内容。

海关可以利用公司信息提供商提供的信息加强风险管理，具体应用方式如下。

（1）获知最新的贸易商信息。公司信息提供商数据库可以让海关更新其贸易商数据，并当发生影响贸易商风险状况的事件时及时做出响应（如企业所有权或经营国的变更）。

（2）新贸易商的风险分析。海关往往缺乏初次进口的外国公司信息，难以做出风险评估，而公司信息提供商则可能一直在考察进口商在国内或其他国家（地区）的活动，并建立了风险预测系统，海关可以利用这些信息对新贸易商进行风险分析。

（3）贸易行为的风险分析。海关可以通过公司信息提供商提供的信息确认某企业的某项进出口业务的合法性，分析与该企业相关的所有贸易伙伴的风险，以及申报的商品与该公司的经验业务范围是否相匹配。此外，公司信息提供商提供的信息还可以帮助海关发现企业和实际控制人之间的关系，找出隐藏在系列空壳公司背后的实际获益人。

（4）辅助海关缉私。公司、法人和资产的相关信息都有助于海关开展走私调查。

表 5-2 介绍了三家全球公司信息提供商的情况，其中，Orbis 的 Bureau van Dijk 和邓白氏（Dun & Bradstreet）提供的信息服务和数据集比较相似，而汤森路透（Thomson Reuters）旗下的 CLEAR 专注于个人信息收集，这些信息都有助于海关缉私行动的开展。

表 5-2　公司信息提供商详情表

公司信息提供商	数据内容说明	数据覆盖范围
Bureau van Dijk 公司的 Orbis	从 160 多个不同来源收集的、经核实的非上市公司信息，包括公司业务范围、业绩、员工、财务数据、法律实体详细信息、并购活动和新闻、企业架构信息和所有权等	收录全球超过 4 亿家公司的信息
邓白氏（Dun& Bradstreet）	经核实的全球商业实体信息，包括联系方式、活动部门、规模、法律地位、财务状况、公司联系和各种风险评分等	收录全球超过 3. 15 亿家公司的信息
汤森路透（Thomson Reuters）的 CLEAR	来自公共和专有记录的个人、企业、资产、附属机构和其他实体的信息，包括电话号码、地址、车辆数据和在线信息	—

资料来源：相关公司网站信息及 Männistö 和 Hintsa 的 PEN-CP 项目报告（2021）。

5.4.3　进出口贸易数据

全球有 29 个国家（地区）公布了详细的进出口贸易数据[①]，这些数据集的详细程度各不相同，但一般包含商品编码、商品说明、进口商、出口商、交易价格和装运相关信息。一些公司收集和清理这些公开可用的数据集，统一了语言和数据格式，为客户提供数据集成和分析服务，如埃信华迈（IHS Markit）和笛卡尔（Descartes）等公司（见表 5-3）。

表 5-3　进出口分析服务商详情表

进出口分析服务商	数据内容说明	数据覆盖范围
埃信华迈（IHS Markit）的 PIERS	详细的进出口提单数据，涵盖 100%美国港口地点的美国水上进出口贸易数据，以及中南美洲、印度、中国和越南 13 个国际市场的数据	全球 80 多个国家（地区），主要为美国
笛卡尔（Descartes）的 Datamyne	进出口贸易数据和商业智能的大量记录	来自五大洲的 56 个国家（地区），占全球进出口贸易额的 76%
Datasur	智利的外国商业信息提供商	全球 60 个国家（地区）
Eximpulse	印度公司，提供进出口数据服务和分析	全球
Apirasol	结合在线智能与货运分析提供数据分析服务，用于披露从生产商到进口商、分销商和零售商的完整假货供应链	全球

资料来源：相关公司网站信息及 Männistö 和 Hintsa 的 PEN-CP 项目报告（2021）。

尽管这些数据的发布时间有两周到 9 个月不等的延迟，但海关仍可以利用这些信息进行风险管理，如开展进出口数据的镜像比较分析，还可以研究贸易商在其他国家（地区）开展的贸易活动情况，以便更好地了解该贸易商的业务领域和相关的违规风险。

① Männistö T, Hintsa J, Tsikolenko V. Enhancing customs risk management with external data [R]. Annual study report by the Pan-European Network of Customs Practitioners (PEN-CP), First edition, 2021.

5.4.4 国际物流数据库

国际物流数据库主要收录了国际物流领域的登记和目录信息，包括货物、货物单位、运输工具、贸易商，以及在国际贸易和物流中其他方面的最新信息，都是经过核实的、可靠的数据（见表5-4）。

表5-4 国际物流数据库详情表

国际物流数据库	数据内容说明	数据覆盖范围
国际集装箱局（BIC）的BoxTech	包括集装箱技术细节，如集装箱号、尺寸类型代码、皮重、最大毛重、最大有效载荷、最大堆垛重量和制造商代码编号	100万个集装箱，占全球船队的40%以上
国际集装箱局（BIC）的BIC Code	集装箱所有人和主要运营商的识别码，包括完整地址和联系方式。数据库的集装箱数据包括尺寸、类型、投入运行的年份、维护历史等	全球2400多个集装箱所有者和运营商
国际集装箱局（BIC）的LoCodes	集装箱设施的国际识别码和地址	160个国家（地区）的1.1万家工厂
埃信华迈（IHS Markit）的SeaWeb	关于船舶、船东、造船商、船舶运动、港口、固定装置和损坏方面的信息	全球1.6万个港口、30万家公司、22万艘船只、29万个船主
Maritime Intelligence的Seasearcher	关于船舶特征、船舶移动、港口、损坏、所在公司和所有权的数据	208个国家（地区）的拥有30万艘船只、7800个港口
CoReDa的RailData	货车数据库，用于识别货车的当前保管人和商业负责人	18家欧洲铁路公司
万国邮联的POST*CODE	城镇、地区、街道和配送点级别的邮政编码和地址数据	全球192个国家（地区）

资料来源：相关公司网站信息及Männistö和Hintsa的PEN-CP项目报告（2021）。

海关可以利用国际物流数据库来交叉验证其他来源收到的信息和报关单数据的真实性，从而促进风险管理，具体应用方式如下。

（1）加强信息比对，判断申报数据是否准确，例如，结合集装箱尺寸、货物重量等信息来核对实际的集装箱类型是否与申报货物相匹配，或者集装箱代码是否真实有效。

（2）评估承运人的风险。根据船舶、铁路货车或集装箱的运营商情况可以提示海关该企业是否具有高风险。

（3）发现单证造假。海关可以利用这些数据库核实跨境交易背后的地址、身份和实体，部分数据库可以与制裁清单进行对比检查。

5.4.5 移动追踪数据

移动追踪数据提供商提供船舶、火车、卡车和其他运输工具以及货物的追踪数据用于分析，这些数据通过卫星、地面站以及车载转发器和追踪器等方式采集得到。海关可以将移动追踪数据用于追踪异常运输行为，例如，通过全球供应链追踪船只和货物单位的位置，发现不合理线路（尤其是经过高风险地区）、沿途停留时间异常、与其他船舶之间的异常会面，以及定位追踪设备关闭等情况。表 5-5 列出了一些不同运输方式的移动追踪数据提供商。

表 5-5 移动追踪数据提供商详情表

移动追踪数据提供商	数据内容说明	数据覆盖范围
AIS Live丨IHS Markit	结合地面和卫星 AIS 数据进行船舶运动跟踪	全球 13 万多艘船舶和船只，以及超 1.6 万个港口和码头
ISR丨RailData	追踪铁路货车移动和状态信息	在 19 个欧洲国家（地区）每月约有 1400 万辆货车车厢信息
eeSea	班轮网络数据、港到港运输时间、船舶时间表、船舶预测、船舶准时率、途经港口和码头	全球
Royal Dirkzwager	船舶位置、船舶详细信息、船舶移动和 AIS 信息的实时和历史信息	全球每年 20 万艘船只轨迹
Orbcomm	提供船舶、卡车、铁路货车、集装箱、拖车等监控信息	全球

资料来源：相关公司网站信息及 Männistö 和 Hintsa 的 PEN-CP 项目报告（2021）。

5.4.6 行业认证计划

行业认证计划提供了被认证公司和所在跨境供应链合作伙伴的风险数据，例如，分别由安全商业联盟（BASC）和运输资产保护协会（TAPA）负责开展的两个聚焦安全的行业认证计划（见表5-6）。

表5-6 行业认证计划详情表

行业认证计划	数据内容说明	数据覆盖范围
安全商业联盟（BASC）认证	BASC认证提供了认证公司上游供应链信息，被认证企业必须填写C-TPAT自动评估表，对供应商进行审核	包括15个国家（地区）约3500家认证公司，以及16000个经验证的BASC商业合作伙伴
运输资产保护协会（TAPA）的跟踪安全要求（Tracking Security Requirement）	该协会提供的三级认证代表通过公路运输易被盗产品的最低标准	全球范围内210家公司参与认证（截至2022年11月）

资料来源：相关公司网站信息及Männistö和Hintsa的PEN-CP项目报告（2021）。

上述行业认证计划信息有助于海关了解国外企业情况，具体应用方式如下。

（1）获取首次进出口企业的信息。这些数据有助于海关核实进出口企业的合法性，并分析其跨境供应链合作伙伴的风险。

（2）查看最新的公司简介。这些数据可以向海关提供关于认证企业的最新信息，如企业业务领域和法人信息等。

（3）进行数据比对，如进口的商品类型与行业数据库中公司的业务领域是否一致。

（4）低风险企业认定。通过安全认证的企业有助于海关进行风险评估，对低风险企业予以相应的贸易便利。

5.4.7 跨境电商平台

跨境电商平台拥有大量的交易信息，有助于海关风险评估，其有价值的数据元素包括供应商名称和地址、买方名称和地址、交货地点、货物描述、货物价值、货物重量、货物件数以及物流追踪信息等。此外，在线商家和供应商的介绍信息对海关也很有价值。海关可以与重要的在线商家和市场建立合作关系，以获取有关供应商、订单、付款和运输流程的信息。海关和企业的密切合作，有助于海关获取数据，加强跨境电商货物风险评估（见表 5-7）。

表 5-7　跨境电商平台详情表

跨境电商平台	数据内容说明	数据覆盖范围
阿里巴巴	作为全球跨境电商企业，提供消费者对消费者、企业对消费者和企业对企业的在线销售服务	在全球 200 个国家（地区）和地区开展业务
eBay	服务消费者对消费者和企业对消费者销售的国际在线市场	在全球 180 个国家（地区）和地区开展业务

资料来源：相关公司网站信息及 Männistö 和 Hintsa 的 PEN-CP 项目报告（2021）。

5.5　国际海关解决路径的启示

5.5.1　技术赋能跨境供应链合规

随着企业 ERP 系统广泛应用、各国（地区）普遍实现口岸监管信息化、船舶追踪技术日益成熟、港口数字化水平不断提升，跨境供应链上下游企业、承运人、港口和海关等跨境供应链的各个环节都在源源不断地产生各种数据，但与此同时，无论是各国（地区）海关还是跨境供应链企业都意识到解决信息碎片化问题是实现跨境供应链合规的关键挑战之一。在此背景下，世界海关组织在《全球贸易安全与便利标准框架》的《供应链一体化管理》中推动企业使用唯一托运货物参考号（UCR）和贸易商识别代码（TIN）来实现贯穿整个跨境供应链的货物和企业信息在不同企业和政府系统中的数据互联互通。欧盟发起的 ITAIDE、CASSANDRA 等项目也都致力于通过加强数字贸易基础设施的建设来促进跨境供应链合规与贸易便利化。

已有企业开展了信息技术赋能跨境供应链合规与信息协同的相关实践。例如，货运代理 DHL 开发的可视化系统不仅可以通过内部网络实时监控其运输和库存数据对其客户提供数据访问服务，还可以直接根据美国和加拿大海关的要求把数据发送给相关的报关系统。在欧盟的 CASSANDRA 项目中企业应用 EPCIS 建立了供应链事件数据库，既可以采集来自 IREC 设备的事件，也可以将提单、UCR 等数据与这些事件相关联，便于用户查询和输出。此外，面向服务的架构（SOA）被成功应用于跨境供应链的跨组织信息共享，以改善参与者的数据交互，从而提高跨境供应链的灵活性和运作效率。例如，以 XML 作为信息共享的事实标准来取代电子数据交换（EDI）的消息传递，并将其纳入 SOA 建立提供货物跟踪信息和完整物流状态的可视化平台。

随着大数据、物联网、区块链等新技术不断涌现，将进一步促进技术赋能跨境供应链合规与信息协同，通过新技术实现跨组织准确而实时的信息共享，提高各口岸部门协同监管和跨境合作水平，不断优化口岸营商环境。

5.5.2 数据管道打通供应链信息流

世界海关组织于最初提出“一体化供应链”的概念主要是面向海关与海关的合作，实现各国（地区）海关之间对跨境供应链中的交易和物流信息互联互通，对海关监管结果互认，改变传统的海关风险管理方式，进而促进贸易便利。相比之下，数据管道则更将海关作为跨境供应链的一个环节，从如何提升跨境供应链整体透明度的角度进行设计，从而实现真正打通全流程信息的“一体化供应链”。

与传统的仅面向跨境供应链企业上下游信息交换的供应链管理系统不同，数据管道的概念提出旨在建立连通跨境供应链企业与监管部门信息系统的数据贸易基础设施，属于系统的系统（System of Systems）①。数据管道改变了原有点对点（Peer to Peer）进行供应链数据交换的方式，更强调对跨境供应链企业数据的共享与面向合规用途的企业数据再利用，尤其是直接获取来自境外的供应链上游数据。

在实践中，数据管道连接跨境供应链参与者的广度与所传递的数据内容有所不同。既有跨境供应链企业和进出口两国口岸监管部门共同参与的数据管道，也有只有一国（多为进口国）口岸监管部门参与的数据管道。

① Hanseth O, Monteiro E, Hatling M. Developing information infrastructure: the tension between standardization and flexibility [J]. Science, Technology & Human Values, 1996, 21 (4): 407-426.

既有只传输事件消息的“单薄”的数据管道，也有除事件与消息之外还传递单证文档的“厚”的数据管道。[①] 尽管数据管道在实践中具体表现形式有所差异，但其核心都在于实现跨境供应链数据传递，共同目标都是保障跨境供应链数据实时准确更新，并根据跨境供应链相关组织不同层次的风险管理需要实现数据共享。

诚然，数据管道的落地实践面临诸多挑战，例如，跨境供应链本身固有特性——企业各自分散决策，带来的多方协调问题，以及各国（地区）政府管辖权不同和法律法规的差异等问题，但通过数据管道打通跨境供应链信息流实现跨境供应链信息协同、促进跨境供应链合规的理念已得到越来越多的跨境供应链企业和口岸监管部门的认可，具有广阔的实践应用前景。

5.5.3　政企合作加强跨境信息协同

海关与企业的合作既是世界海关组织《全球贸易安全与便利标准框架》的重要支柱之一，也是跨境供应链信息协同的基础。对企业而言，世界海关组织在《供应链一体化管理指南》中提到“经认证的经营者”和“经认证的跨境供应链”都是自愿性项目而非强制性安排。欧盟的ITAIDE项目中提倡的以“搭载”方式进行企业数据再利用，以及海关数据采集从“数据推送”模式转为“数据拉动”模式，也都是基于企业自愿参与政府合作的项目。此外，数据管道涉及跨国境的供应链企业与政府之间开展数据互联互通，更是基于企业自愿参与跨国政府的政企合作。

跨境供应链的参与者众多，除了技术因素之外，利益相关者对促成面向跨境供应链信息协同的政企合作至关重要。跨境供应链数据管道的主要利益相关者包括承运人、港务局、货代企业、港口信息系统提供商、电子口岸（如单一窗口）的提供商、大型的收发货企业、国际组织［如世界海关组织、联合国贸易便利化与电子商务中心（United Nations Centre for

---

① Rukanova B, Henningsson S, Zinner Henriksen H, et al. Digital trade infrastructures: A framework for analysis [J]. Complex Systems Informatics and Modeling Quarterly, 2018 (14): 1-21.

Trade Facilitation and Electronic Business，UN/CEFACT）等］。[①] 面对跨境供应链中众多的利益相关者，有必要在事先明确各方在项目中的利益诉求和角色定位，了解上下游信息协同对跨境供应链所有参与者的影响以及各方可发挥的作用，如参与方如何从项目中获益？是否有参与方会因跨境供应链信息透明化反而失去原有的商业利益？参与方需做出哪些投入？哪一方具备数据管道项目发起者的条件？是在“市场驱动”下由企业发起数据管道项目还是由政府发起项目来“便利市场”？

荷兰海关在参与 CASSANDRA 项目的过程中指出，尽管在跨境供应链中最关心物流效率的是承担国际物流成本的一方（如买方或卖方，具体取决于交货条件），而海关实际是贸易和物流领域的“局外人”，但海关仍可以作为数据管道的发起者。因为海关对跨境供应链的货物可以有更全面的了解，能够查看各方的信息，并使用多个数据源来确定信息的质量和完整性，而且这些信息对其他跨境供应链的保险公司或贸易融资机构等“局外人”也可能非常有价值。[②]

---

① Overbeek S, Klievink B, Hesketh D, et al. A Web-based data pipeline for compliance in international trade［C］. Proceedings of the 1st Workshop on IT Innovations Enabling Seamless and Secure Supply Chains（WITNESS 2011）held in conjunction with the EGOV 2011 Conference, Delft, The Netherlands, August 29, 2011.

② 参见 Customs Administration of the Netherlands 发表的文章“Cassandra Commodity Chain”，编号 DO 061 - 1Z * 1ED。

第 6 章　实现跨境供应链信息协同的政企数据合作案例分析

6.1　案例一：基于跨境贸易管理大数据平台的政企数据合作

6.1.1　案例背景

2018 年，为优化口岸营商环境促进贸易便利化，国务院提出了“2021 年整体口岸通关时间比 2017 年压缩一半，世界银行的跨境贸易便利化指标排名提升 30 名”的目标。在此背景下，我国海关积极推进“两步申报”等多项改革，促进我国跨境贸易便利度提升，但同时国际贸易也面临着大规模杀伤性武器扩散、经济安全、生态环境安全、口岸卫生安全等非传统安全的威胁，因此海关通过风险管理来兼顾促进贸易化与保证国门安全的双重目标，通过数据分析等方式来对高中低风险的监管对象加以识别，并采取差异化的处置措施。目前，海关的主要数据来源是企业向海关法定申报和提交的数据，但也存在少数企业申报不实的情况，造成了海关与被监管者间的信息不对称，且由于信息分散，海关无法获取完整的供应链数据。

2018 年，为进一步优化上海口岸跨境贸易营商环境，上海海关与中国远洋海运集团有限公司（以下简称“中远海运集团”）、上港集团三方共同开发了跨境贸易管理大数据平台（以下简称“大数据平台”）。加入大数据平台的企业向政府自愿地共享商业数据，作为法定申报数据的补充，构建了政企数据合作新模式，实现了跨境供应链数据整合。通过大数据平台，海关利用企业法定申报数据、其他政府部门数据，以及加入大数据平台的企业自愿共享的商业数据实现贸易链、物流链数据和通关监管数据的整合与集成，更有效地进行供应链风险评估，从而促进智能精确监管。同时，自愿参与数据共享的企业证明了自身的合规性，可以享受到更多通关便利和更高信用管理的待遇，由此实现优化口岸营商环境、兼顾贸易安全与便利的目标。

大数据平台历经近四年的发展，目前已进入全面推广应用阶段。大数据平台开展政企数据合作的参与方和所提供的数据内容见图 6-1。

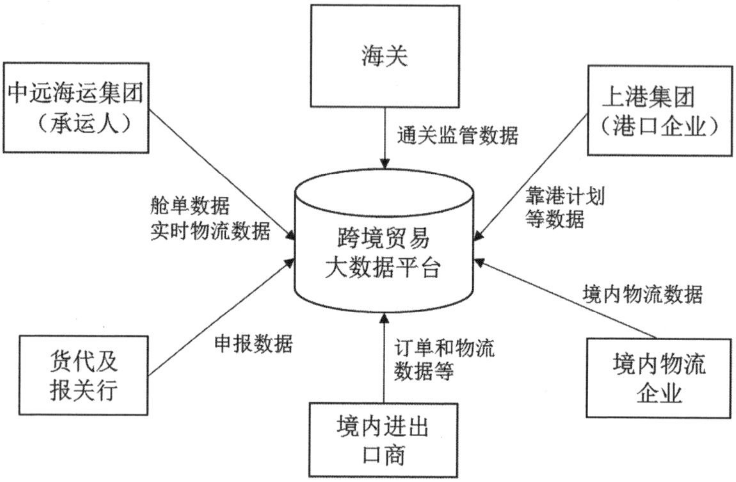

图 6-1　大数据平台数据来源

6.1.2　合作准备

1. 政企间信任机制的构建

企业与政府数据合作可以最大化数据价值，但是否愿意共享数据取决于企业的意愿，若企业与政府之间的信任度比较低，则会极大影响企业共享数据的意愿。在历史上，各国（地区）海关的形象往往都是保护主义和贸易壁垒的代名词，导致海关与贸易团体的关系往往是对立与冲突的。① 但随着经济全球化和自由贸易的发展，海关职能也逐渐发生转变，为了促进贸易发展而更加强化其服务职能，并与企业构建了新型合作伙伴关系，② 为企业自愿向政府共享数据提供了先决条件。本案例中，上海海关首先与少数高级认证企业开展了第一批合作试点。这些高级认证企业自身的合规意愿比较强，信息系统基础较好，并且在以往的高级认证中已经与海关建立了一定的信任。以第一批加入试点的 V 企业为例，该企业在以往的改革

① 黄丙志. 推进海关协同治理的三层面政策路径［J］. 海关与经贸研究，2015，36（05）：69-75.

② 王瑜，黄胜强. 海关与企业间关系：内涵，模式与路径构建［J］. 海关与经贸研究，2021，42（1）：18-29.

试点中已与海关有过多次合作，其跨境物流经理表示：“我觉得上海海关给我们的感觉还是有很强的服务意识，会了解企业真正的需求是什么，一个（新）政策出来会不会给企业带来负担。”由此可见，海关与企业之间的信任关系作为一种联系纽带，起到黏合剂的作用，也是企业愿意共享数据给政府的前提。

2. 政企间协调机制的构建

企业自愿共享数据并非通过政府命令式的安排，而是需要通过对话、共同协商和共同规划等方式来协调各利益主体间的关系后实现的。上海海关在大数据平台项目的应用中充分发挥了“领航者”的角色，创造了政企间对话与沟通的渠道，让彼此考虑到对方的需求和利益，激发企业向政府共享数据的意愿，最终成功促成了多家企业共同参与的合作。

大数据平台项目首先在小范围企业内进行试点，海关对这些企业进行详细调研，了解企业 ERP 系统数据的基础情况，研究探索可行的数据传输方式，并充分考虑到企业的商业保密需求与这些企业商讨合适的数据共享范围，然后实现第一批企业与海关的数据对接试点，此后海关多次对企业进行跟踪走访，调研企业整体通关时效平均提升效果等企业实际得益。在全面推广阶段，上海海关召开了推进大数据平台建设企业宣讲会，向广大进出口企业发出倡议，介绍系统对接方式，根据第一批企业试点的成效向企业说明可获得的商业利益。除了在现场为企业答疑解惑之外，上海海关还通过微信公众号推送等形式解答企业提出的共性问题，消除企业的顾虑，促进双方达成共识。对有意愿加入大数据平台的企业，海关多次与之沟通，帮助其梳理相关数据流程，共同规划加入大数据平台的方式，为企业加入大数据平台创造有利条件。

6.1.3　合作内容

高质量的数据是发挥大数据价值的基础，通过本案例研究可以发现政企数据资源整合不是简单的数据内容叠加，而是全面影响着数据质量的多个维度。大数据平台将企业向海关原有申报的数据与企业等多方自愿共享的贸易数据和物流数据等进行了整合，形成了完整的覆盖整个贸易过程的数据链。其中，承运人和港口自愿提供的数据包括原本仅在中远海运集团、上港集团内部使用的船舶、航线、靠港计划、订舱、货物流向、业务对象等电子和视频数据。[①] 进出口企业自愿提供的 ERP 数据主要为原始的贸易链和物流数据。从数据内容看，这些自愿共享给海关的数据尽管也包括进出口法定申报的数据内容，如装货信息、到货日期、合同与发票信息等，但与法定申报仍有不同（见表 6-1）。

表 6-1　法定申报数据与自愿共享数据的区别

属性	法定申报数据	自愿共享数据
数据格式	部分非结构化	结构化数据
数据粒度	项目号级	物料编号级
数据来源	来源单一，进出口货物收发货人或委托报关企业申报的数据	供应链相关企业多方提供
数据内容	报关单及随附单证	ERP 系统数据、供应链备案信息

从上述比较可见，政企数据合作不仅拓展了海关掌握数据的内容，而且改变了数据格式、数据粒度、数据来源，由此从可读性、准确性、一致性、完整性等多个维度提升了海关的数据质量，具体表现如下。

（1）结构化格式改善数据可读性。

在法定申报中，部分随附单证以扫描件形式提交，为结构化数据与非结构化数据并存的状态。而在大数据平台上传的发票、合同等关键信息要素均是结构化数据，这为后续数据分析提供了便利。

（2）细化粒度增强数据准确性。

在法定报关单中货物按项目号进行描述，相比之下，自愿共享数据来自企业的 ERP 系统，可以提供物料编号级数据，其数据的粒度比法定申报数据更小，提供了更详细准确的信息。

（3）拓展来源保证数据一致性。

在大数据平台中，进出口企业 ERP 系统中的原始数据直接传送给海关，因此 ERP 数据具有较高的真实性。由于数据由来自供应链的多个企业分别提供，覆盖了完整的贸易链和物流链，也保证了数据的一致性。

① 马青文. 跨境贸易管理大数据平台的建成对审计工作的思考［J］. 交通财会，2018（02）：30-33.

（4）丰富内容提升数据完整性。

自愿共享的数据除了 ERP 系统的原始订单和物流数据外，还包括供应链备案信息，例如，境外发货人，承运人，物流公司的名称、地址和增值税代码等境外供应链合作伙伴的基本情况信息，将海关获得的企业数据从境内企业延伸到境外企业，提升了数据的完整性。

6.1.4 实现流程

上海海关通过企业自愿共享数据开展的政企数据合作经过“政企数据整合、数据洞察生成、数据洞察应用”三个阶段，逐步产生了数据的价值（见图 6-2）。

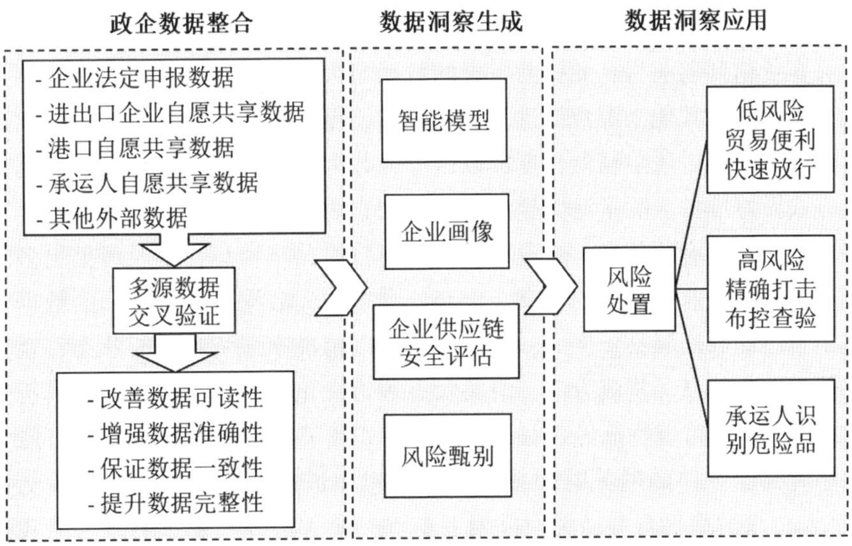

图 6-2 海关政企数据合作的数据价值发现过程图

1. 政企数据整合

大数据平台充分整合了多源数据，有来自船公司、航空公司、海港、空港、进出口企业、税务、工商、外汇等的各类贸易链、物流链数据，与海关通关监管数据进行智能集成，形成共享信息资源。据报道，截至 2019 年 5 月大数据平台已汇集生产、贸易、物流、税务、工商、外汇等各方数据7亿多条，并与“单一窗口”、船公司和港务部门实现了无缝对接。[①] 其中，企业数据接入大数据平台主要有以下两种方式。

（1）企业文件导入。企业登录大数据平台后，通过相关功能页面，上传符合模板要求的Excel文件数据。模板及数据要求都可以在相关功能页面中下载。

（2）企业自动传输。对于进出口业务量较大的企业，可调用大数据平台提供的数据接口进行数据自动接入。在这种方式下，企业在数据传输前，需在自身的信息系统做好数据抽取技术开发工作。

2. 数据洞察生成

数据洞察（Data Insight）是指经过数据分析得到有意义的、可以直接指导行动的见解，用以提升组织的工作效率或效果。[②] 在本案例中，上海海关在货物到港前将企业提前申报的数据与大数据平台由多方企业自愿共享的数据以及其他来源数据进行交叉比对，据此对货物真实性、合法性进行风险甄别，对风险高低程度加以区分，并为后续货物到港后的差异化处置方式做好准备。除了海关生成的数据洞察之外，由于大数据平台整合了多方企业和政府的信息，企业不仅向政府自愿共享信息，同时可见更多的其他供应链企业和政府的信息，也充分利用了大数据平台整合后的数据生成了自己的数据洞察。例如，进出口商可以精准掌握货物实时状态，获得船位、港口信息、货流方向、清关状态等可视化数据，还可以分析其历史数据。V企业跨境物流经理描述为：“比如我某类零件的通关时间可能要比平时其他零件的通关时间多两天，我想知道原因是什么？所以我觉得（加入）大数据平台的通关时间对我们是一个关注点，那么另外一个我想可能我们更多关注的还是想有更多的数据放在一起，做些智能的决策分析，优化库存，降低成本。”

3. 数据洞察应用

确保数据洞察被一线工作人员采纳和应用是政企数据合作真正产生公共价值的关键环节。在本案例中，上海海关根据风险甄别结果在货物到港

---

① 金姬. 7亿条数据，通关“秒放”上海海关大数据平台，助力优化跨境贸易营商环境［J］；新民周刊，2019（21）.

② Lavalle S, Lesser E, Shockley R, et al. Special report: Analytics and the new path to value［J］. Mit Sloan Management Review, 2011, 52（2）: 22-32.

前就可以明确货物是否可以放行。低风险货物在船舶进入港口靠泊后，不再需要经过码头堆场临时存储，企业可以在船边直接把货物提走，实现无障碍通关。对风险甄别结果为高风险的货物，海关进行精确打击，货物到港后有针对性地进行查验，截获禁止入境的货物。对于企业而言，进出口商可以使用大数据平台的数据提升内部管控能力、优化供应链运作；承运人则可以用于比对舱单数据，降低危险品伪瞒报的风险，保障船舶航行安全。此外，承运企业还可以将本企业数据与海关、码头的数据进行多方匹配和校验，提高了审计的独立性。①

6.1.5　各方得益

对海关而言，借助大数据平台可以丰富数据来源，改善数据质量，加强数据分析能力，走出海关与被监管者信息不对称的困境，提高海关监管服务水平。海关不仅可以利用企业提供的原始贸易数据与报关信息交叉验证，进行到货前风险分析，还可以通过企业共享的供应链合作伙伴信息全面了解哪些是国际贸易的参与者，有助于形成整个物流信息链，提高供应链的可视性和可追溯性，根据所有参与方的信用程度来评估整个供应链的风险水平。

对企业而言，加入大数据平台与海关开展数据合作可以获得多方面的好处，具体有以下三个方面。

（1）降低海关人工干预和侵入式查验比率，提升通关效率。当海关评估认为供应链风险很低，被查验的比率也会随之降低，有效缩短了货物的通关时间并显著降低通关过程中的不确定性，为企业节省库存成本。以 V 企业为例，在加入大数据平台与海关开展自愿数据共享合作之后，每年由通关时间带来的库存成本节约超过百万元。V 企业跨境物流经理表示："以前通关时间我都按两天至五天这样一个时间来预留的，一旦超过五天，我就得再安排空运了，空运费是实打实产生的……加入大数据平台以后，我按照两天安排（库存）就一定能放行了，由原来两天至五天的波动变成了一个稳定状态。"

（2）在港口物流环节有更多的便利，例如，提前安排提箱计划、货物到达靠泊即提等，减少了货物在港口等待的时间。跨境贸易的数据集成促进了进出口企业、承运人和港口之间的实时信息交换，港口和承运人为企

① 马青文. 跨境贸易管理大数据平台的建成对审计工作的思考［J］. 交通财会，2018（02）：30-33.

业提供了更多便利。以前是货到之后再向海关申报、查验，再与船公司、港口完成各种交接手续，而现在因货物抵港前已完成单证放行的工作，所以卸货后提货离港的时间得到大幅缩短。

（3）增加了供应链的可视性与透明度。通过大数据平台，企业可以访问货物在运输过程中的实时状态，获取船舶位置、港口信息、货流方向、清关状态等可视化数据。

6.2 案例二：基于全球质量溯源系统的政企数据合作

6.2.1 案例背景

近年来，我国跨境电商规模快速扩大，包括保税网购方式（B2B2C）和直购方式（B2C）在内的跨境电商业务和个人邮快件业务高速发展。与此同时，跨境电商进口的商品表现出批次多、品种杂、来源广、收货人众多、涉及面广、疫情疫病传播风险大等特点，高速发展的新业态与传统海关监管模式之间的矛盾也日益突出。我国进口正品、仿品高额利益差的诱惑导致跨境电商商品造假的现象较为突出，例如，以假充真、以次充好仿冒品牌产品造假，以及不符合我国安全、卫生、环保法规要求的不合格的劣质产品进口等，亟须推出一种全新的监管模式，对跨境电商进行事前、事中、事后的全链条监管。①

为应对跨境电商这类碎片化贸易给口岸监管带来的挑战，我国部分口岸海关采用了全球质量溯源系统这一新型监管模式。全球质量溯源系统是政府搭建的公共服务平台，提供开放便利的接口与供应链企业开展数据合作，采集商品从生产、贸易、物流、口岸监管直至消费者的全链条碎片化质量信息，将信息进行整合并写入溯源码，实现“一物一码”全流程正品溯源，用最低成本实现商品全生命周期质量信息的采集和商品价值的真实传递，开创了政府、企业、消费者三方共建、共享、共治的创新模式，形成了一个社会性的开放体系和公共服务平台。

该系统最早由原广东出入境检验检疫局在中国（广东）自由贸易试验区广州南沙新区片区先行先试打造成型，2018 年检验检疫职能划入海关之后，进一步在福州等多地海关推广应用，业务范围已涵盖南沙口岸一般贸

① 刘家君，郑岚姿，陈治. 实施全球质量溯源在推进“品质中国”建设中的探索［J］. 财经界，2017（36）：49.

易、跨境电商、市场采购出口等多种贸易方式，实现食品、消费品、进口汽车等进出口商品的品类全覆盖。据海关数据统计，截至 2021 年 12 月 31 日，全球质量溯源体系在福州海关跨境电商业务领域全面应用，对 11.98 亿元商品实现溯源。

该系统的政企数据合作采用“政府搭台，企业唱戏”的方式，海关建立全球质量溯源系统，企业自愿选择是否加入。与政府合作的企业对象覆盖了跨境供应链从源头到下游的全链条，例如，境外生产商、境外贸易商、国外第三方检测认证机构、电商平台、国内物流商等。对于自愿加入该系统的企业，其企业信息系统将与该系统相连接，并将其商品信息数据直接发送至海关。

在未加入该系统前，以跨境电商业务为例，其通关流程如下：消费者在完成商品选购后、进口商品申报前，跨境电商平台企业或跨境电商企业境内代理人、支付企业、物流企业首先分别通过国际贸易“单一窗口”或跨境电商通关服务平台向海关传输相关的电子订单、电子运单，以及电子支付信息。然后，在进口商品申报时，跨境电商企业境内代理人或其委托的报关企业根据“三单”信息向海关提交申报清单。最后，海关依托信息化系统实现“三单”信息与申报清单的自动比对。[①]

加入该系统实现政企数据合作，数据来源可以从原境内的跨境电商平台企业或跨境电商企业境内代理人、支付企业、物流企业拓展至境外的生产商和贸易商，扩大了可采集的数据范围，数据传输方式从原有的“单一窗口”传输改为数据接口直接连接企业信息系统，确保了数据的真实性和准确性。

6.2.2　实现流程

在商品抵达口岸前，全球质量溯源系统采集到商品相关生产信息、物流信息、第三方检测机构检测信息时，海关先行启动准入风险预判；商品抵达口岸后，海关即可实施精准监管、快速验放；商品进入流通环节后，消费者、企业以及相关监管部门通过该系统或商品外包装上的溯源码可以获取溯源信息，还可以将消费端的质量信息反馈至全球质量溯源系统，进行咨询、举报或投诉，从而最终形成完整的全链条质量信息。

根据质量信息的数据源头所在，全球质量溯源系统提供了工厂、贸易

---

① 《关于跨境电子商务零售进出口商品有关监管事宜的公告》（海关总署 2018 年第 194 号公告）第 6 条、第 8 条。

商和口岸三个不同级别的溯源（见图 6-3）。[①] 其中，工厂级溯源指跨境供应链上游的出口国（地区）生产商加入溯源，向系统提供了商品生产到出厂的相关信息；贸易商级溯源指跨境供应链中游的出口国（地区）贸易商加入溯源，向系统提供了商品在流通环节的相关信息；口岸级溯源指进口国（地区）跨境电商平台和保税物流企业提供的商品入境和向海关申报的信息。由此可见，在上述三个级别中工厂级溯源的数据链最长，提供的信息也最完整，但从境外企业采集数据比从境内企业采集数据难度更大。三个级别的溯源设计给跨境供应链企业参与方提供了灵活选择，降低了准入门槛，让企业可以从口岸级溯源开始，逐步向上游供应链拓展。

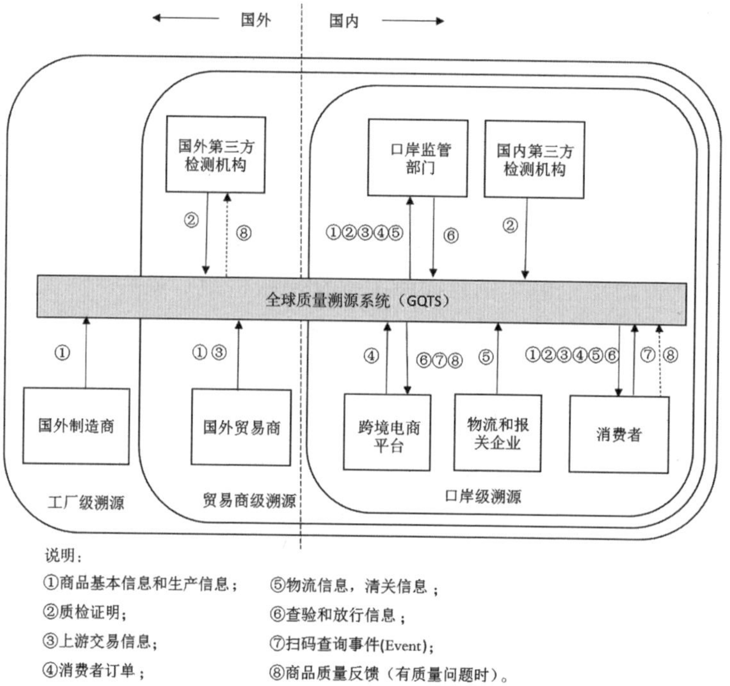

图 6-3　全球质量溯源三级信息传递流程图

从上述数据采集和传递流程可知，全球质量溯源系统是一项跨境供应链数据管道的成功实践。不仅将供应链上游的质量信息传递给消费者，还利用消费者的反馈对质量信息进行确认，建立了从下游向上游的反馈渠

① 叶菁，黄挺，廖辉，田家明．探索溯源体系在进境动植物及其产品中的应用［J］．植物检疫，2017，31（03）：70-72.

道，从而形成了信息闭环，为跨境供应链中的企业、政府和消费者三方参与者都提供了商品质量信息的透明度和可视性。

6.2.3　各方得益

1. 企业得益

对企业而言，加入全球质量溯源系统可获得的商业利益主要包括以下三个方面。

（1）打击假冒伪劣，促进正品销售。企业通过提供给消费者的溯源信息证明自己的产品是正品来赢得消费者的信任，从而促进销售。由于对于制造商和品牌所有者而言打击假冒和侵权的成本很高，通过全球质量溯源系统可以让消费者更容易地区分真伪商品，有效驱除市场上的“劣币”。

（2）缩短通关时间，提升通关效率。在货物入境前，企业即可提前将货物的商品名、生产商、原产国、第三方检测机构出具的商品溯源质量检验证书等信息，录入全球质量溯源系统。海关依托信息化数据，先行研判准入风险，提前进行风险处置，最大限度提升通关效率。

（3）改进质量控制，优化企业供应链运作。有的国际知名品牌商的工厂遍布全球，其货源会从世界各地进入中国，产品出厂后可能会经过多层经销商分销。若企业加入工厂级溯源，当最终客户通过全球质量溯源系统反馈质量问题时，可以追溯到每件商品出货的来源地，甚至可以追踪到是哪个工厂哪台机器生产的，有助于企业提升质量管控。① 此外，制造商还可以使用全球质量溯源系统中的召回模块联系被召回产品的最终用户，解决过去从全球市场召回某些特定批次产品时联系最终客户困难的问题。总之，该系统提供了整个供应链端到端的信息可追溯性，所有参与系统的供应链企业都可以利用该系统改进其供应链决策。

2. 政府得益

全球质量溯源系统对海关监管的重要性主要体现在以下五个方面。②

（1）实现对海关风险防控业务的重要支撑。通过提取不同业务系统的

---

① 第一财经网站，花王尿不湿扫码可查假　广东南沙自贸推质量溯源（2016-10-25）. https：//www. yicai. com/news/5142574. html。

② 中华人民共和国海关总署网站，全球质量溯源体系　打造“看得见的信任”（2019 - 10 - 11）. http：//fangtannew. customs. gov. cn/tabid/437/InterviewID/115/Default. aspx.

溯源信息字段，可以实现风险分析、风险预警，并对应实现基于溯源风险的审单规则布控。

（2）完善海关税收征管机制。通过企业申报结合新海关各业务系统进行溯源信息提取，在大数据分析的基础上实现对进出境货物真实价值的记录和传递，能够有效防止虚报、少报货物价格的风险。

（3）推进隶属海关功能化建设。全球质量溯源系统具有对新海关业务流程前伸后延的支撑功能。在关检融合的背景下，建设全球质量溯源系统对于跨境电商、一般贸易等领域的关检业务融合来说，既能起到有效促进作用也是一种功能性的支撑。

（4）强化海关职能，打击侵权、假冒伪劣商品进出口。通过大数据比对、风险布控、现场查验，提高精准度，有效震慑和打击侵权和假冒伪劣行为，进一步优化营商环境，保护企业合法权益和正常贸易秩序。

（5）提升海关监管效能。该系统汇聚了商务、海关、企业、消费者等的海量信息，并延伸溯源链条至境外，使海关监管从单纯的口岸监管转变为事前、事中、事后全链条闭环监管，实施更为科学精准的监管。

3. 消费者得益

近年来，尽管越来越多的零售商为消费者提供扫码溯源的功能，但这些溯源数据有的采集自供应链多个企业，有的来自公司自己的数据库，甚至存在着公司故意篡改后台数据的情况。相比之下，全球质量溯源系统由政府建设，可以确保数据来源可靠，内容上既包括跨境供应链企业提供的数据还包括企业向海关申报的数据，因此更真实、可信。

应用全球质量溯源系统后，消费者可通过 App 或微信小程序一键扫码，便捷查询到货物名称、原产国、溯源证书、放行时间等全流程溯源信息，避免了买到假冒伪劣商品的可能。如果发现质量问题，消费者还可向监管部门咨询或者投诉。此外，在制造商召回产品的情况下，消费者还会收到及时的召回通知，及时停止使用有缺陷和潜在危险的产品。

6.3 案例三：荷兰优荷花品鲜花供应链的政企数据合作

6.3.1 案例背景

荷兰优荷花品（Flora Holland）公司是世界上最大的鲜花公司，旗下有 4000 多家鲜花种植者会员，公司为会员提供拍卖、仓储和物流协调服务。本案例研究了该公司从肯尼亚进口鲜花到荷兰的跨境供应链，其物流最上游始于肯尼亚的鲜花种植者，然后货运公司负责用卡车将鲜花运至内罗毕机场，并向肯尼亚海关办理相关出口手续，再由航空公司空运鲜花抵达荷兰的史基浦机场，荷兰的货运代理负责安排进口手续和内陆运输。在鲜花经海关放行后，有的被运到荷兰优荷花品公司的拍卖市场，有的直接运到进口商手中。上述鲜花的进出口涉及两国多个企业和政府部门的跨境供应链，主要包括进口国（地区）的海关和植物保护两类政府机构，即肯尼亚海关、肯尼亚植物保护局、荷兰海关和荷兰植物保护局。

当鲜花从荷兰进口时，荷兰口岸监管部门需要启动三项风险评估程序，然后才将货物投放欧洲国内市场。这三项程序包括：由荷兰海关实施的安全进境风险评估；由荷兰植物保护局进行的植物检疫产品安全风险评估；由荷兰海关实施的进口税收风险评估。这三个风险评估程序流程见图 6-4。

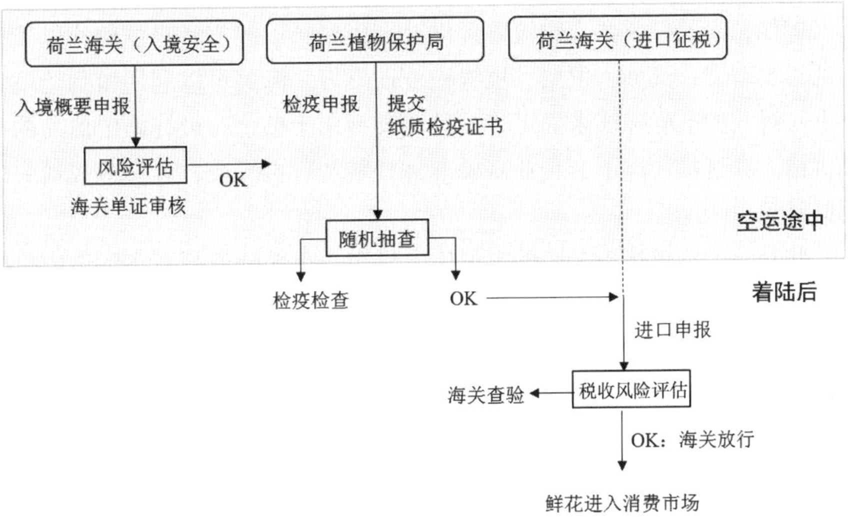

图 6-4　荷兰鲜花进口风险评估流程图（政企数据合作前）

资料来源：Rukanova B，Tan Y，Huiden R，et al. A framework for voluntary business-government information sharing［J］. Government Information Quarterly，2020，37（4）：101-501.

在政企数据合作前，按照一般程序，上述三个风险评估需要按顺序串行执行。

第一步，荷兰海关根据入境概要申报进行安全风险评估。根据分析结果，有的鲜花被抽查进行申报数据审核，审核后没有安全问题的鲜花及没有选中审核的鲜花进入第二个风险评估环节（在图 6-4 中用“OK”表示）。

第二步，由荷兰植物保护局就植物检疫产品安全进行风险评估。在接受企业检疫申报后，荷兰植物保护局收到企业提交的肯尼亚出具的纸质检疫证书，并对鲜花按一定比例进行随机抽查。以玫瑰花为例，将随机抽取5%的玫瑰花进行检查。没有选中检查的鲜花以及检查后合格的鲜花将被给定一个特殊代码，有了特殊代码后才允许进入第三个风险评估程序。

第三步，由荷兰海关进行进口税收风险评估。在政企数据合作前，荷兰海关只能在货物实际到达进口申报地后才能开始税收风险评估。如果货物被选中查验，海关需要进一步对货物实物进行查验。

其中，在荷兰海关进口税收风险评估过程中，海关选择查验之前进行单证审核，则可能需要企业再提供其他信息来验证进口报关单信息的准确性，例如，海关经常要求物流方提供补充资料，以核实货物的描述以及货物的买卖双方；又如，发票、植物检疫证书等，海关可以利用植物检疫证书上对鲜花的准确描述来确定其品种和类型用于估价，最终确定商品的准确价格。在这种情况下，企业需要准备材料然后再提交，容易造成通关时间的延长。

此外，虽然被选中查验的报关单中只有一小部分商品被实际选中接受查验，但实际上，这批货物的所有货物必须等到进口风险评估程序完成后才能被放行，这会导致未被选中查验的货物出现不必要的等待而导致通关时间延长，未被选中货物约占所有货物的94%。在图 6-4 中，图上部的阴影区域表示飞机在空中时执行的检查手续，其中最后一个检查手续（税收风险评估）是在货物着陆后在进口报关单上指定的仓库进行的。各项海关风险评估程序是串行流程，即上一个手续结束后下一个活动才能开始，直接造成了通关时间长、进口物流时间不确定性高的问题，企业无法确定全部货物的放行时间。

6.3.2 政企数据合作

为了减少通关时间，荷兰优荷花品公司供应链的企业与肯尼亚、荷兰的海关与植物保护局开展合作构建数据管道，以电子化单证传递方式促进跨境供应链信息协同，具体见图 6-5。整个数据管道主要包括三个层次：

第一个层次为跨境供应链企业间的信息协同，包括鲜花种植者、内陆运输、航空公司、仓库等；第二个层次为企业与政府间的信息协同，包括跨境供应链企业与肯尼亚、荷兰海关与植物保护局间的信息协同；第三个层次为政府部门之间的信息协同，包括肯尼亚海关与肯尼亚植物保护局之间、荷兰海关与荷兰植物保护局之间的国内口岸信息协同，还包括肯尼亚海关与荷兰海关之间跨国海关信息协同、肯尼亚植物保护局与荷兰植物保护局之间的跨国检疫信息协同。

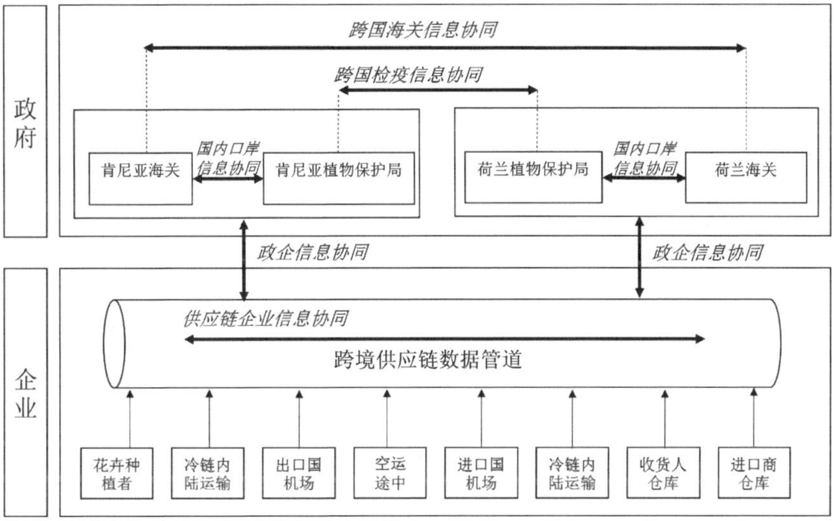

图 6-5　荷兰鲜花进口供应链数据管道架构图

资料来源：Rukanova B，Tan Y，Huiden R，et al. A framework for voluntary business-government information sharing［J］. Government Information Quarterly，2020，37（4）：101-501.

在新的通关流程中，对 94%没有被选中查验的鲜花可以在飞机着陆后直接放行（Clearance at Landing），具体流程见图 6-6。为此，肯尼亚植物保护局推出了电子申报系统 ECS，鲜花种植者及其物流服务提供商可以使用该系统为其申请电子植物检疫证书（e-Phyto）。该电子证书通过数据管道从肯尼亚植物保护局发送至荷兰植物保护局并由荷兰植物保护局共享给荷兰海关。如果不使用 e-Phyto，荷兰优荷花品公司也可以选择将 PDF 版本的植物检疫证书通过数据管道提供给荷兰海关。

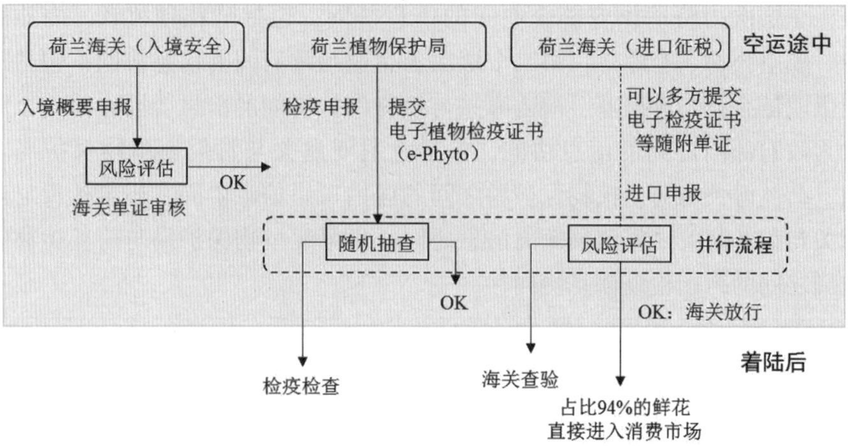

图 6-6　荷兰鲜花进口风险评估流程图（政企数据合作后）

资料来源：Rukanova B, Tan Y, Huiden R, et al. A framework for voluntary business-government information sharing [J]. Government Information Quarterly, 2020, 37 (4): 101-501.

此外，荷兰优荷花品公司在飞机抵达前自愿向荷兰海关提供的鲜花种植者签发的形式发票，供荷兰海关在进口税收风险分析中用于交叉验证货物说明和进口报关单上的出口商信息。在荷兰优荷花品鲜花供应链企业与进出口国（地区）的相关监管部门基于数据管道开展合作后，荷兰进口鲜花需要进行的三项风险评估中的后两项，即由国家植物保护局进行的植物检疫产品安全风险评估和由荷兰海关实施的进口税收风险评估，从原有的串行流程改为并行流程。这样一来，三项风险评估都可以在鲜花空运途中进行，94%的未选中查验的货物可以在飞机降落后立即清关提离进入消费市场，减少了通关时间。对于 6%被选中查验的货物，企业也可以提前做好准备和安排。

基于数据管道的政企数据合作克服了原有模式的通关延迟瓶颈，实现了落地清关。荷兰优荷花品鲜花供应链与两国监管部门开展数据合作前后的情况对比见表 6-2。

表 6-2　荷兰优荷花品鲜花供应链通关流程优化前后比较表

维度	原有通关流程	应用数据管道后
数据提供方式	企业需要付出额外的时间和精力用于准备海关交叉验证申报信息所需的证明材料	企业通过数据管道自愿共享商业数据（形式发票和 PDF 版的植物检疫证书），或者通过政府对政府的方式传递电子植物检疫证书
数据格式与传递方式	肯尼亚监管部门出具纸质植物检疫证书以企业对企业、点对点的方式传递送到荷兰	通过数据管道交换 PDF 版的植物检疫证书，或者肯尼亚植物保护局向荷兰植物保护局传递电子植物检疫证书
风险评估流程	串行流程，在飞机着陆后荷兰海关才进行进口税收风险评估	并行流程，荷兰海关提前开始进口税收风险评估

6.3.3　各方得益

对于跨境供应链企业而言，采用数据管道之后，一方面，不再需要提供额外的商业信息，可以有效节省时间和成本；另一方面，94%未被选中查验的货物可以直接在飞机到港后清关，而不必等待被选中查验的货物完成查验，对 6%被选中查验的货物也可以提前进行贸易安排，使得跨境供应链运作效率显著提高。

对肯尼亚和荷兰两国的监管部门而言，基于数据管道开展政企数据合作的好处主要有以下三个方面。

（1）海关从原有需要时再要求企业提供额外信息，转变为利用数据管道或以政府对政府信息传递的方式直接获取数据，监管部门可以更准确地获取信息，并优化了风险分析流程，有效地利用海关资源，提升了工作效率。

（2）实现植物检疫证书无纸化。无论企业是以 PDF 版本将植物检疫证书上传至数据管道，还是以政府对政府的方式传递电子植物检疫证书，都是使用证书的电子版本代替原有的纸质版本，对荷兰海关而言不仅可以提前获取相关信息，还增加了信息的透明度。

（3）将原有的串行风险评估改变为并行流程，海关能更准确地开展安全和涉税风险分析，有效安排后续查验工作，提升了海关的工作效率，降低了管理成本并为企业提供了贸易便利。

第 7 章　面向跨境供应链信息协同的政企数据合作机制研究

7.1　政企数据合作的分析框架

7.1.1　多维度分析框架

本研究从大数据平台、全球质量溯源系统和荷兰优荷花品鲜花供应链三个案例总结出刻画政企数据合作特征的四个维度，分别是主导者、数据交互、数据类型、辐射范围。四个维度简要描述如下。

（1）在主导者维度上，政企数据合作项目可以分为政府主导和企业主导两个类型。

（2）数据交互维度描述了数据传递的方向，例如，企业对政府、政府对企业等类型。

（3）数据类型维度描述了政企数据合作共享了哪些具体类型的数据，可以从内容、结构化程度和概况性三个子维度进行归纳。

（4）在辐射范围维度上，可以从地域和参与者数量两个角度进行划分，从覆盖的地理区域可以分为区域内、国内和国际三个类型；从参与者数量上分为仅涉及有限数量的企业和政府主体的私有式政企数据合作项目，以及有无限数量潜在的参与者的公共开放式政企数据合作项目。

通过这四个维度可以发现政企数据合作项目间的差异，也可以用于定义和归纳不同政企数据合作项目的类型，还可以用于开展新政企数据合作项目时的规划选择。基于上述四个维度的政企数据合作分析框架见表 7-1，每个维度的具体论述将在后文逐一详细展开。

表 7-1　政企数据合作的多维度分析框架表

维度	内容		相关文献
主导者	企业主导、政府主导		Bharosa 的著作（2013）[1] Rukanova 等人的著作（2018）[2]
数据交互	企业对政府、政府对企业等		Rukanova 等人的著作（2018）
数据类型	内容	物流、生产、检验结果、交易等	Lee 的著作（2000）[3] Bharosa 的著作（2013）
	结构化程度	结构化、半结构化、非结构化	
	概况性	详细、概括	
辐射范围	地域	区域内、国内、国际	Bharosa 的著作（2013） Rukanova 等人的著作（2018）
	参与者数量	有限数量的参与者（私有式） 无限数量潜在的参与者（公共开放式）	

7.1.2　主导者

对电子政务的信息资源而言，由于具有纯公共物品的属性，因此其资源共享主要是政府主导的模式[4]，由政府搭建公共服务平台解决政府信息资源的交换与共享。[5] 对跨境供应链的信息共享而言，一般由跨境供应链中具有地位的企业或物流服务提供商作为主导者负责建立跨组织信息系统

---

① Bharosa N, Janssen M, van Wijk R, et al. Tapping into existing information flows: The transformation to compliance by design in business-to-government information exchange [J]. Government Information Quarterly, 2013, 30: S9-S18.

② Rukanova B, Henningsson S, Zinner Henriksen H, et al. Digital trade infrastructures: A framework for analysis [J]. Complex Systems Informatics and Modeling Quarterly, 2018 (14): 1-21.

③ Lee H L, Whang S. Information sharing in a supply chain [J]. International Journal of Technology and Management, 2000, 1 (1): 79-93.

④ 姜金利. 电子政务环境下的政府信息资源共享问题研究 [D]. 山东师范大学硕士论文，2013：33.

⑤ 何振、邓春林等. 电子政务信息资源共享模式选择与优化 [M]. 北京：高等教育出版社：125.

以实现各方的信息协同，这样的主导企业也被称为供应链的数字编排器（Supply Chain Orchestrator）①。

政企数据合作是政府和企业双方在数据驱动下共同开展的合作伙伴关系，既可能由政府主导（或称为政府驱动，Government-driven），企业作为参与方；也可能是企业主导（或称为企业驱动，Business-driven），政府作为参与方。因此，主导者维度侧重于关注政府和企业在合作项目中扮演的角色，其判定依据可以从谁是项目的发起方、谁负责提供数据合作依托的IT基础设施、谁负责合作协议的拟定等方面确定。

由大数据平台和全球质量溯源系统的案例分析可见，这两个项目都是政府主导下的政企数据合作，主要由政府提供了IT基础设施，负责平台的开发和维护。尽管大数据平台项目是上海海关联合中远海运集团、上港集团共同开展的大数据平台建设，但上海海关作为项目的主导者，设计规划了企业如何提供商业数据及提供数据后如何利用多源数据，如何让跨境贸易大数据产生价值给企业带来便利，再动员进口企业、报关和物流企业作参与该项目，因此上海海关大数据平台是政府主导的政企数据合作项目。

在荷兰优荷花品鲜花供应链的政企数据合作案例中，采用的是企业主导的模式，荷兰优荷花品公司提供了数据管道的IT基础设施，包括肯尼亚的鲜花种植者、货代在内的其他企业，以及荷兰和肯尼亚海关和植物保护局都是该项目的参与者，因此该项目是企业主导的政企数据合作项目。与政府主导的政企数据合作相比，尽管政府在企业主导下的政企数据合作中扮演了不同的角色，但从案例研究中发现，政府仍在合作中发挥了重要的作用。荷兰海关与企业一起共同实现了双赢的解决方案，并帮助企业协调荷兰海关与荷兰植物保护局两个部门之间，以及荷兰和肯尼亚两国的植物保护局之间的数据传递，以确保荷兰优荷花品公司与荷兰海关的双赢合作可以付诸实现。

对比上述三个案例中的不同主导者可以发现，荷兰优荷花品公司与荷兰、肯尼亚政府开展的数据合作主要是为该公司所在的特定跨境供应链通关便利服务，荷兰优荷花品公司是主要受益者，因此企业作为主导方负责数据管道搭建。而大数据平台和全球质量溯源系统采用政府主导模式，面

① Sophie Claye-Puaux, Jennifer Lazzeri, Béatrice M. K Meurier, Aurélien Rouquet. Orchestrating supply chain integration: who's in charge?［C］. EUROMA Conference, University of Neuchatel, Jul 2015, Neuchatel, Switzerland.（hal-01476947）.

向广大跨境供应链企业，可以为更多企业提供服务。在全球质量溯源系统案例调研中发现，有一些小型跨境电商平台表示原计划自己建立溯源系统，但考虑到成本因素没有实现。而全球质量溯源系统一方面为企业提供了消费者溯源平台，另一方面为消费者提供溯源查询服务，满足了企业和消费者的共同需求，因此该系统提供的溯源服务和溯源信息具有公共物品的性质。

7.1.3　数据交互

数据交互维度用于描述政企数据合作中的数据传递来源和去向，例如，企业向政府共享数据、政府向企业共享数据，或企业与政府双向共享数据等。从三个政企数据合作案例的分析可以发现，数据交互基于企业向政府共享数据，但数据传递并不局限于政企双方，有时为了实现公共价值同时也需要企业对企业和政府对政府之间的数据交互。

在大数据平台中，承运人中远海运集团向该平台提供了实时物流数据，这一数据不仅提供给了海关，还提供给了中远海运集团的企业客户，他们在加入平台后也可以获取该数据，因此形成了企业到政府到企业的数据交互，政府主导的大数据平台扮演了信息枢纽的角色。

在全球质量溯源系统案例中，跨境供应链企业和机构将质量信息传递到政府主导的溯源系统，溯源系统又将质量信息传递给消费者形成企业到政府再到消费者的数据交互，同时也包括如上游生产商与下游跨境电商平台之间企业对企业间的交互。

在荷兰优荷花品鲜花供应链的案例中，企业主导的数据管道不仅实现了荷兰优荷花品与荷兰海关之间的数据交互，还实现了荷兰优荷花品公司与其他跨境供应链企业之间的数据交互、荷兰海关与荷兰植物保护局之间，以及荷兰植物保护局与肯尼亚植物保护局之间的数据交互。

7.1.4　数据类型

数据类型维度侧重于描述在政企数据合作中政企双方共享了什么数据。数据类型可以从多个角度进行分类，例如，按照结构化程度可以分为结构化数据、半结构化数据、非结构化数据三类；按照其概括性和汇总程度可以分为原始数据和汇总数据、详细数据和汇总数据等；还可以按照数据具体内容进行分类，例如，在一般跨境供应链企业间共享的数据主要包括库存水平、销售数据、订货状态、销售预测、生产计划等。

还有的研究者结合具体的研究情景对数据类型从不同角度进行了归纳。例如，Bharosa 把稽查数据类型归为原始交易信息和汇总报表两种，① Yang 和 Wu 将政府部门间共享的数据、信息和知识归纳为五个类型，分别是收集的原始数据、增值信息、面向管理的信息、面向管理的知识和面向领域的知识。②

在三个案例分析中，就数据的概括性而言，企业向政府共享的都是详细数据。在大数据平台和全球质量溯源系统案例中，共享数据的粒度比法定申报数据小、细化程度更高。从数据内容看，与一般的跨境供应链企业为降低牛鞭效应而开展的信息共享所不同的是，在面向跨境供应链合规的信息协同要求下，跨境供应链企业和相关监管部门之间需要共享的数据主要有物流数据（如装箱单、提单和舱单）、贸易数据（如订单数据）、单证（如发票、检验检疫证书），以及与质量证明相关的生产数据等。在大数据平台的案例中，企业自愿向海关共享了贸易和物流数据，结构化的数据格式弥补了原法定申报数据中部分单证为非结构化电子数据的不足；在全球质量溯源系统案例中，企业以结构化数据的方式向系统提供了生产、物流和检验报告等数据，用于证明商品的品质；在荷兰优荷花品鲜花供应链案例中，企业向政府提供了物流、检验检疫证书等数据，将原有的纸质文件改为 PDF 电子格式，更便于信息的传递。

由上述分析可见，数据交互方这一维度可以用于归纳所共享数据的特征，并有助于理解共享的数据如何改变参与方的数据质量，以及数据是如何被利用产生价值的。

7.1.5 辐射范围

辐射范围维度描述了政企数据合作覆盖的范围，可以从地域、参与者数量两个角度进行描述。从地域角度来看，合作参与方可能是特定地区的

---

① Bharosa N, Janssen M, van Wijk R, et al. Tapping into existing information flows: The transformation to compliance by design in business-to-government information exchange [J]. Government Information Quarterly, 2013, 30: S9-S18.

② Yang T M, Wu Y J. What to share and why to share? A case study of cross-boundary information sharing in Taiwan e-Government [J]. Journal of Library and Information Studies, 2013, 11 (1): 25-53.

企业和政府间，也可能覆盖到国内的多个企业与政府，甚至延伸到境外不同国家（地区）的政府和企业。从覆盖的参与者数量来看，可以分为私有式和公共开放式。私有式的政企数据合作只包括有限数量的参与者，如某个企业和政府部门之间一对一的合作，或者几个特定参与者形成的私有信息中心（Private Coordination Hubs），而公共开放式的政企数据合作是面向广大企业和政府的参与者形成的开放共享信息中心（Shared Coordination Hubs）。

大数据平台案例主要面向上海口岸的企业，参与企业的辐射范围局限在特定区域，海关通过境内企业间接获取境外企业的跨境贸易数据。由于该口岸的进出口贸易企业、报关企业和物流服务企业都可以参与，因此属于区域性的公共开放式政企数据合作，该平台起到了开放共享信息中心的作用。

全球质量溯源系统采用灵活的三级溯源方式，当只有本地的进口保税物流企业参与时为口岸级溯源，辐射范围为区域内；当有国外的贸易商或制造商加入后达到贸易商级或工厂级溯源，辐射范围拓展到全球。本着政府、企业、消费者三方共建、共享、共治的理念，[①] 该系统形成了一个开放体系和公共服务平台，因此总体上属于国际性公共开放式的政企数据合作。

荷兰优荷花品鲜花供应链案例通过跨国数据管道连接了肯尼亚和荷兰两个国家的多个企业和多个监管部门，因此属于国际性项目，但只面向以荷兰优荷花品公司为核心企业的特定供应链，仅包括有限数量的参与者，属于私有式的政企数据合作。

7.1.6　多维度跨案例比较

从多个维度对三个案例进行归纳的结果见表 7-2，公私合作项目架构的跨案例比较见图 7-1。

---

① 全球质量溯源体系　打造“看得见的信任”（2019-10-11）具体详见网站 http：//fangtannew. customs. gov. cn/tabid/437/InterviewID/115/Default. aspx。

表 7-2　多维度跨案例比较表

维度		案例一：大数据平台	案例二：全球质量溯源系统	案例三：荷兰优荷花品鲜花供应链
主导者		政府主导	政府主导	企业主导
数据交互		企业对政府、政府对企业、企业对企业	企业到政府到消费者、企业对企业	企业对政府、企业对企业、政府对企业
数据类型	内容	物流数据、贸易数据	生产数据、检验检疫证书、物流数据	物流数据、检验检疫证书
	结构化程度	结构化数据	结构化数据	结构化数据、非结构化数据
	概括性	详细数据	详细数据	详细数据
辐射范围	地域	区域内	国内或国际	国际
	参与者数量	面向广大参与者（公共开放式）	面向广大参与者（公共开放式）	有限数量参与者（私有式）

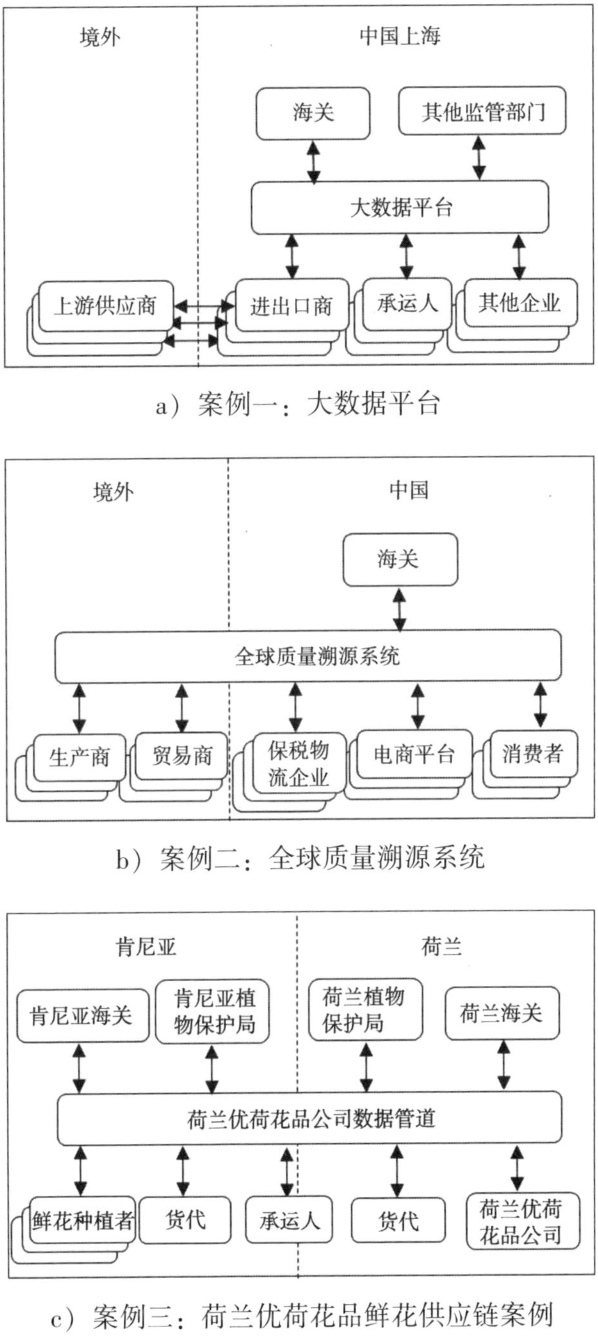

图 7-1　公私合作项目架构的跨案例比较图

由图 7-1 可以发现，在主导者维度，政企数据合作既可以由企业主导，也可以由政府主导。

从数据交互维度看，三个案例都主要基于企业自愿向政府共享数据，但除了政企双方数据交互之外，也涉及政府对企业、企业对企业、政府对消费者、政府对企业等其他类型的数据交互，这些政企之外的数据交互对产生公共价值都起到不可或缺的作用。

从共享的数据类型来看，三个案例都以结构化数据为主，均为详细数据，数据粒度小于法定申报数据，作为法定申报数据的有效补充，提升了监管部门数据的质量。从数据内容看，面向跨境供应链合规的政企数据共享更侧重于物流、贸易、检验检疫证书等数据，以证明法定申报数据的真实性。

以跨境供应链合规为目的政企数据合作辐射范围往往面向跨境供应链开展国际合作采集境外供应链上游的数据，公私合作方式既包括面向广大参与者的公共开放式合作，也包括在有限数量的参与者之间以私有式合作来服务的特定供应链。

7.2 政企数据合作互信的影响因素

企业与政府之间的数据合作是否能够顺利达成受到多个关键因素影响，这些因素既影响了企业共享信息的意愿，也影响着企业和政府合作后公共价值的实现。Yang 和 Maxwell 将公共部门组织间的信息共享影响因素总结为组织与管理、技术和法律与政策三个方面。[①] 本研究在此分析框架基础上，通过案例研究影响跨境供应链合规领域政企数据合作的主要因素，从组织与管理、技术、法律与政策三个角度进行归纳（见图 7-2）。其中，组织与管理因素，可以细分为五个方面，即领导力、回报与激励、信任、参与者数量和地域；技术因素可以细分为三个方面，即信息系统的异质性、数据安全和信息技术能力。

① Yang T, Maxwell T A. Information - sharing in public organizations: A literature review of interpersonal, intra-organizational and inter-organizational success factors [J]. Government Information Quarterly, 2011, 28 (2): 164-175.

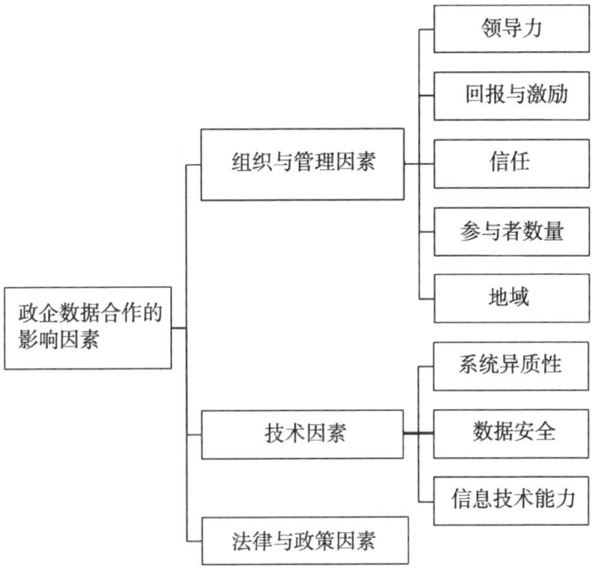

图 7-2　跨境供应链政企数据合作的影响因素

7.2.1　组织与管理因素

1. 领导力

研究者发现，无论是在政府主导还是企业主导的政企数据合作中，领导力都是关键影响因素之一。在大数据平台案例中，上海海关持续积极地推动才促成了企业自愿共享信息。在上海海关的牵头下海关与中远海运集团、上港集团三方合作设计了政企合作的运行机制，再由上海海关牵头，动员吸引进出口企业等供应链成员加入平台共享数据，领导力的发挥主要体现在上海海关上。在全球质量溯源系统中，首先是海关发挥影响力与本地的跨境电商企业沟通并达成一致，后续在贸易商级和制造商级的溯源实现中有赖于跨境电商企业积极与其供应链上游沟通并达成共识，由跨境电商企业发挥了领导力，实现了境外的溯源信息的获取。

在荷兰优荷花品鲜花供应链案例中，其领导力主要体现在不同参与者之间沟通与承诺的持续推进过程。一是荷兰海关发挥的领导力与荷兰优荷花品公司沟通并达成一致，荷兰海关明确了其自身的监管需要，并设计出对荷兰优荷花品公司的激励方式；二是荷兰优荷花品公司发挥领导力，与该跨境供应链其他企业之间沟通并达成一致；三是荷兰海关发挥领导力，与荷兰植物保护局沟通并达成一致；四是荷兰植物保护局发挥领导力，与肯尼亚植物保护局沟通并达成一致。

由此可见，实现跨境供应链合规需要涉及不同国家（地区）、不同部门的政府与企业之间的信息协同，无论是在政府主导还是企业主导的政企数据合作中往往需要政府和企业共同发挥领导力，才能实现与各方沟通协调一致。

2. 回报与激励

政企数据合作的前提条件是所有的参与方都可以从中获益，发现双方的共同价值，企业获得商业利益，政府实现公共价值，因此，回报与激励对吸引各方参与合作起到决定性的作用。在政府主导的数据合作中，政府不是依靠行使行政权力而是对企业形成有效激励来吸引企业自愿加入合作。正如全球质量溯源系统案例所展示的，通过扫二维码将全球溯源信息传递给消费者，对企业而言提升了商誉，增加了销量，对政府而言促进了出口贸易的增加，保障了质量安全，政企双方都从跨境供应链信息协同中获益。在企业主导的数据合作中，企业实现商业利益的同时也需要产生公共价值。例如，在荷兰优荷花品鲜花连的案例中，不仅企业可以从通关便利中获益，作为荷兰政府也可以更好地保障鲜花进口的供应链安全。

对政府主导的公共开放数据合作平台而言，尽管参与政企数据合作带来的贸易便利是面向所有企业的，但对每一个企业可感知的利益还受到其所在行业特点、贸易量、供应链战略等多方面因素影响。例如，在大数据平台案例中，有的企业冷链进口药品对运输提前期非常敏感，因此通关时间压缩可以显著降低其运营成本，而有的企业对目前的通关效率非常满意，仅从提升通关效率的角度该合作没有显见的商业利益，但对货物抵达港口卸货后的运输有特殊要求，因此“靠泊（靠坪）即提”这一通关便利是其重要的考虑因素。可见，由于政府主导下基于公共开放平台的政企数据合作面对众多潜在的企业参与者，从企业角度看不同企业个体所感知的实际回报可能是不同的，因此，政府需要从多角度发现和设计多样化且有效的企业激励措施。

3. 信任

已有多项研究表明，信任在跨组织信息共享中具有重要作用，[①] 甚至被视为组织间层级制权力的一种替代性控制机制。[②] 在法定强制性申报中，海关行使的是层级制权力，但在基于自愿原则企业对政府共享信息的政企数据合作中，信任取代行政权力成为政企间合作的连接纽带。在大数据平台案例中，平台的共同发起者中远海运集团、上港集团都与上海海关有着长期的合作。第一批试点企业大多为高级认证企业，这些企业在认证期间已经与海关建立了互信。根据对企业的访谈可以发现，个别企业与海关缺少信任而持怀疑态度时，企业不认为加入大数据平台是一个机会，反而会怀疑海关是否试图借此平台发现他们的违规行为。造成这样误解的原因在于企业对自身合规水平信心不足。因此，信任是影响政企数据合作实现的必要因素。

4. 参与者数量

由于参与者的数量直接影响政企数据合作数据交互的接入成本，因此政企双方的参与者数量，尤其是企业参与者的数量，不仅影响着政企数据合作的实现方式，也影响着政企数据合作达成的难度。

对面向广大参与者的公共开放式政企数据合作而言，全面获取跨境供应链信息需要建立在一定的企业覆盖度基础上，加入合作的企业越多越好，可以形成规模效应。在大数据平台案例中，为获取完整的贸易和物流链条的原始数据，大数据平台与承运人、进出口企业、报关公司、物流企业等不同角色类型的跨境供应链企业完成数据对接，同时对应每一种角色类型又有多家企业加入。类似的，在全球质量溯源系统案例中，系统也需要与生产商、贸易商、跨境电商平台、物流企业等多种角色类型的跨境供应链企业进行数据交互。研究发现，由于这类系统需要与大量企业参与者的信息系统逐一对接，而各企业的信息系统千差万别，这对系统接口的兼容性提出了挑战。与只有少数合作者参与的公私合作相比，公共开放式政企数据合作总体接入成本或将显著增加。

---

① Gilgarcia J R, Guler A, Pardo T A, et al. Trust in government cross-boundary information sharing initiatives: Identifying the determinants [C]. IEEE, 2010, 44: 1-10.

② Bradach J L, Eccles R G. Price, authority, and trust: From ideal types to plural forms [J]. Annual Review of Sociology, 1989, 15 (1): 97-118.

反之，对于有限数量参与者（私有式）的政企数据合作而言，政企双方合作如仅局限于一家或有限几家企业，尽管仍然可能存在系统的异质性，其接入成本仍相对较低。在荷兰优荷花品鲜花供应链案例中，政企数据合作尽管也涉及两国的多个企业和政府参与方，但主要围绕以荷兰优荷花品公司为核心的供应链展开，参与者有限，相对容易实现各方与系统的数据交互。

5. 地域

尽管客观上数据传输并不受到组织间距离的影响，但地理位置会对组织的管理因素以及法律与政策产生影响，由此直接影响政企数据合作能否达成。

在大数据平台案例中，作为一个区域性政企数据合作项目，上海海关作为政企数据合作的主导者设计的对参与企业的激励措施主要围绕通关便利，其提供便利措施惠及范围仅限于上海口岸。若要获取跨境供应链源头的数据则需要由国外出口商提供，我国海关对国外企业并没有司法管辖权很难对国外企业提供有效的激励措施，因此只能采用间接获取数据的方式，由本口岸企业自愿选择提供其跨境供应链合作伙伴的基本信息用于备案。

相比之下，在全球质量溯源系统中，由于质量溯源可以打击假冒伪劣商品并提升企业的商誉和销量，对跨境供应链上下游的企业都有激励作用，因此全球质量溯源系统成功构建了国际性的数据管道，涵盖了工厂级和贸易商级溯源。尽管如此，受地域影响，企业参与方目前仍以口岸级溯源的本地企业为主。

在荷兰优荷花品鲜花供应链案例中，成功构建了一个国际性数据管道，不仅涉及以荷兰优荷花品公司为核心的跨境供应链相关企业共同参与，而且还依赖于荷兰和肯尼亚两国口岸管理部门之间的协作支持。

由案例研究结果可见，实现跨境供应链信息协同往往需要位于不同国家（地区）间政府与企业的政企数据合作。尽管在全球质量溯源系统、荷兰优荷花品鲜花供应链两个案例中分别展示了跨境政企数据合作的可行性，但相比于区域内的政企数据合作而言，跨境政企数据合作仍面临沟通成本高、建立信任难、激励设计难度大等多方面的挑战。

7.2.2 技术因素

1. 系统异质性

案例研究结果发现，各参与方信息系统的异质性增加了合作成本，提高了合作难度，给政企数据合作达成带来了阻碍。

在大数据平台案例中，为了更加方便地让企业系统实现数据自动接入，大数据平台已经提供了标准的数据接口（API），但仍需企业对自身的信息系统做好数据抽取和开发改造工作，只有这样才能将数据通过接口传递到大数据平台。由于企业共享的是其 ERP 系统的原始数据，而大数据平台面对的企业众多，现阶段已加入平台的企业就数以百计，来自不同行业、不同领域、不同规模的企业 ERP 系统存在差异，一定程度上增加了企业与大数据平台对接的难度。

在荷兰优荷花品鲜花供应链案例中，尽管该项目涉及的参与者相对有限，且参与的各企业处在同一核心企业的供应链中，已有企业对企业的供应链信息共享基础，但荷兰和肯尼亚两国的海关和植物保护部门需要对应四个不同的系统。系统异质性是企业与两国政府数据合作共建数据管道时一个不小的挑战。

2. 数据安全

无论是在公共领域还是私营领域的数据共享中，数据安全都是一个重要的影响因素。案例研究发现，企业是否自愿地向政府共享数据，数据安全也是企业考虑的重要因素。部分数据涉及商业机密无法共享、需在原信息系统增加数据接口，以及共享之后数据的存储和访问控制等都是企业比较敏感的数据安全问题。

在大数据平台案例中就有企业主动向海关咨询其数据存放是否安全的问题。针对企业提出的问题，海关专门公开解释说明大数据平台具有和企业申报数据一样级别的数据安全保护措施，是按照公安部信息系统安全等级保护规范建设的，其数据存储、维护和数据访问都有严格的安全管控措施，以消除企业的顾虑。尽管如此，企业可能还会受到其公司内部的数据安全保密要求或其母国对企业的数据保密法律［如欧盟的《一般数据保护条例》（GDPR）］等因素限制，影响其共享数据的意愿。

3. 信息技术能力

各参与方的信息技术能力包括参与方的信息化水平和新信息系统开发

能力，是克服系统异质性的重要保障，也是影响政企数据合作成功与否的重要因素。

在大数据平台案例中，若要采用API接口的数据交互方式，企业需要具备一定的技术能力，并承担部分开发改造工作以匹配平台提供的数据接口，否则只能采用Excel表格上传的方式，因此企业信息技术能力的高低也影响了企业的接入成本和接入意愿。在对企业的访谈中发现，V企业表示其接入“成本比较低，可以忽略”，是因为“大量的精力或者费用是在前期这种数据的输入端，然后再加上数据逻辑的处理”，而V企业输入端跟数据处理原本都有；而有的企业信息技术能力相对较弱，需要投入较大的成本和精力完成系统改造工作。

除了企业参与方的信息技术能力外，政府的信息基础也是政企数据合作能够顺利开展的重要因素。在荷兰优荷花品鲜花供应链案例中，尽管涉及了两个国家、四个政府部门的系统信息协同，但肯尼亚与荷兰的植物保护局有着长期的合作关系，肯尼亚植物保护局的通关系统ECS是多年前在荷兰植物保护局的支持下完成的，而在荷兰的植物保护局与荷兰海关系统间的互联互通已有多年的基础，因此这两国政府具备的信息技术能力也是后续荷兰优荷花品鲜花供应链的政企数据合作顺利开展的重要技术基础。

7.2.3 法律与政策因素

在政府与企业和政府间数据共享过程中，数据共享是否符合现有的数据安全与隐私保护法规一直是各方重要的关注点。① 此外，本研究发现，除了前文提到的数据安全因素之外，法律与政策因素也对企业和政府共享数据的范围和激励内容有重要影响。

（1）法律与政策决定了政企数据合作中企业自愿共享数据的范围。自愿性的数据分享是在强制性法定申报要求之外开展的，其数据范围是强制性法定申报的延伸。在大数据平台和全球质量溯源系统中，政府通过政企数据合作获取了企业提供的在原有法定申报数据范围之外的数据，因此只有在现行的法律法规下企业不需要强制提交的数据才是政企数据合作的数据范围。

① Yang T, Wu Y. Exploring the determinants of cross-boundary information sharing in the public sector: An e-Government case study in Taiwan [J]. Journal of Information Science, 2014, 40 (5): 649-668.

(2) 法律与政策影响着企业自愿共享数据给政府可能带来的回报，即政府可以在多大程度上给企业提供贸易便利的激励也受到法律与政策的影响。在荷兰优荷花品鲜花供应链案例中，荷兰的口岸监管部门可以在飞行途中开展风险评估并在“着落时放行”，这样的实施过程只有在《欧盟海关法典》(UCC) 允许的情况下才得以开展。在大数据平台案例中，海关可以在风险评估后对参与合作的企业予以多大程度的通关便利激励是在现有法律和政策下已提供的贸易便利措施基础之上额外增加的。如果已经是普惠的贸易便利措施，则无法作为企业自愿开展政企数据合作的激励措施。在全球质量溯源系统案例中，根据企业反馈，企业的一项得益是加入全球质量溯源系统后跨境电商退货处理更容易，但在《关于跨境电子商务零售进出口商品有关监管事宜的公告》(海关总署公告 2018 年第 194 号) 出台后，无论企业是否加入该系统，符合条件的跨境电商退货都可以依据该公告处理，因而退货便利就不再是加入该系统合作之后的得益。

7.3　政企数据合作的公共价值

7.3.1　公共价值创造路径

随着政府数据开放运动的兴起，政府数据开放共享给社会的价值已得到广泛认可，而本研究发现跨境供应链企业与海关的双向数据流动改善了跨境供应链的可视性，即激励企业自愿向政府共享数据开展政企数据合作也同样可以释放数据的价值。

在政府主导的大数据平台和全球质量溯源系统两个案例中，数据流向并不仅局限于企业向政府的单向转移，还加强了企业与企业、政府与企业的信息共享；在企业主导的荷兰优荷花品鲜花供应链案例中，在跨境供应链企业间的信息共享、企业与政府的数据共享之外，还促进了荷兰和肯尼亚两国间政府与政府数据的互联互通。这些面向跨境供应链合规的政企数据合作整合了跨境供应链从出口商、承运人、进口商、物流服务提供商、港口、海关和其他口监管部门等跨境贸易全过程的多种数据来源，不仅提高了跨境供应链的透明度，还提升了口岸监管部门的风险管理水平，达到贸易安全与便利的双重目标，而且由于跨境供应链可视性的增强，企业可以从各自不同的角度充分利用整合后的跨境供应链数据，也提高了跨境供应链运作的效率。

研究还发现，在政企数据合作中企业自愿地向政府共享数据具有双重效果，不仅直接促进了政企数据整合的利用，还间接起到了企业合规信号传递的作用，通过上述双重信息来源的共同作用实现政府精确监管，让海关可以有针对性的予以通关便利，实现了口岸营商环境优化，这也是政府和企业的共同利益所在。对企业而言，其参与数据自愿共享的好处来自两方面。一方面，来自政府精确监管的结果，通关更加便利，口岸营商环境更加优化；另一方面，由于跨境供应链透明度增强，企业得以进一步优化其跨境供应链的运作。基于政企数据合作下企业和政府双方的得益情况，可以得出企业自愿向政府共享数据的公共价值创造路径（见图 7-3）。

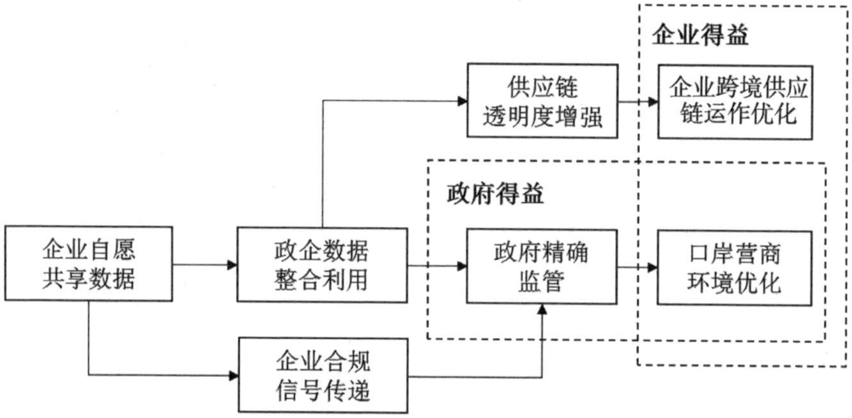

图 7-3 企业自愿向政府共享数据的公共价值创造路径

7.3.2 政府精确监管的双重信息来源

从图 7-3 可以看出，在企业自愿向政府共享数据后，政府实际上有双重信息来源服务于精确监管。

政府精确监管的第一个信息来源是政府对企业数据的直接利用。例如，在合作中海关通过政企数据合作获得了更多企业自愿共享的贸易、物流和质量数据等，让海关数据质量从可读性、准确性、一致性、完整性四个维度得到了提升，提升了海关的风险评估与甄别效果，提高了口岸监管效率。

政府精确监管的第二个信息来源是企业合规信号传递。基于原有法定申报数据，海关只能判断相应进出口货物是否合法，但很难判断出其相关企业整体的合规意愿和合规能力。基于“以企为本，由企及物”的管理理念，海关希望可以甄别出守法意愿高且守法能力强的企业。这类企业参加政企数据合作的积极性恰恰显著高于守法意愿低和守法能力弱的企业，这类企业自愿对接平台共享数据的行为相当于向海关发送了“信号”，展示了其合规能力与合规意愿，由此海关可以通过自愿加入大数据平台共享数据的行为了解到企业真实类型，并将这些企业归为低风险企业类别，予以贸易便利。

7.3.3　企业得益的两种路径

在图 7-3 中，企业从政企数据合作中得益有两种途径。

企业得益的第一个来源是政府精确监管的结果。在对前文三个案例企业得益的描述中，可以看到海关在获取企业提前共享的数据后、在货物抵港前，提前完成风险分析和处置，让企业的通关过程更加便利。例如，大数据平台案例中的从“货物到港、申报进口”转变为“货未到港、申报完成；货物到港、即刻放行”，荷兰优荷花品鲜花供应链案例中的从“着落后风险分析”到“着陆放行”。

企业得益的第二个来源是跨境供应链透明度增加。企业可以对政府和其他跨境供应链企业的数据进行再利用。Tan 等人提出的企业数据再利用特指政府在企业现有的 IT 基础设施上进行的“搭载”，[①] 使海关能够从源头获得更高质量的数据，将现有企业系统的商业数据用于政府监管。在本研究中发现，与政府出于监管目的在商业主导项目中搭载和再利用商业数据类似的情况是，企业也可以搭载在政府主导的政企数据合作平台上再利用政府和其他商业数据。例如，企业通过大数据平台可以获取更多来自承运人的货物在途状态信息，便于其调整订货安排，也可以获得海关的提前放行信息，便于其安排后续提货。在全球质量溯源系统案例中，企业可以将合作伙伴的质量数据和海关通关数据用于自身质量和商品进口真实性的证明，借此提升自身商誉，还可以利用消费者反馈的质量数据来进行质量控制。在各案例中，跨境供应链企业与海关的双向数据流动提高了跨境供应链的可视性和透明度，实现了数据的双向再利用，即不仅政府利用了企业提供的数据，企业也借助相关平台获得更多来自政府和其他企业的数据用于企业自身经营需要，对这些数据的利用构成了企业得益的第二个

---

① Tan Y H, N Bjørn-Andersen, Klein S, et al. Accelerating global supply chains with IT-innovation: ITAIDE tools and methods [M]. Berlin, Germany: Springer-Verlag, 2011.

来源。

7.4 对政企数据合作的启示与建议

7.4.1 以数据合作拓展政府数据来源

大数据是提升政府治理能力的重要手段，监管部门为了不断提升数据的获取和利用能力，在非必要的情况下可以通过设计激励机制使得部分企业自愿地向政府共享数据，以公私数据合作的形式来扩大政府的数据来源，而非以行政命令一刀切式地强制所有相关企业提交数据。正如案例研究结果所示，海关如果直接面向所有企业扩大强制申报范围，改变数据传输方式，不仅不符合国际规则，也不符合企业实际。通过部分企业自愿参与的公私数据合作有效整合了供应链数据，提升了口岸监管部门的数据治理能力。

7.4.2 避免强制性合作

企业自愿是政企数据合作的基础，避免非自愿形成的“强制性合作”（Mandated Collaboration）①。已有研究表明，合作网络中的参与者必须处于平等的地位，否则，合作容易被操纵，从而导致参与者的弱承诺。② 这就要求在自愿性企业向政府共享数据的过程中，双方是基于平等的伙伴关系而非纵向管理关系达成合作，双方自愿签订的正式或非正式合同安排，让参与成员可以自由选择自己的承诺和参与程度。③ 这样的自愿性参与既是对企业的保护，也是双方实现合作共赢的前提。然而，在现实中政府和企业往往在客观上存在着权利和资源的不平衡，与政府合作的企业同时也是其监管对象，因此，在政企数据合作中政府充分尊重企业对法定要求外数据共享的自由意愿非常重要。同时又具有挑战性，需通过在政企之间建立信任关系来增强企业共享数据的意愿，如海关通过 AEO 认证、“客户协调

① Rodríguez C, Langley A, Béland F, et al. Governance, power, and mandated collaboration in an interorganizational network [J]. Administration & Society. 2007, 39 (2): 150-193.

② Navarrete C, Gil-Garcia J R, Mellouli S, et al. Multinational E-Government Collaboration, Information Sharing, and Interoperability: An Integrative Model [C]. IEEE, 2010.

③ Carlsson L. Policy networks as collective action [J]. Policy Studies Journal. 2000, 28 (3): 502-520.

员制度”等方式加强与企业的沟通与交流,[①] 从而为合作带来富有成效的结果。

7.4.3　突显政企数据合作的价值主张

价值主张（Value Proposition）的概念来源于商业环境中用于描述消费者为什么要购买产品或使用服务,[②] 也被用于公共服务领域提供者的公共服务设计。[③] 与命令控制下的法定申报不同的是，在政企数据合作需要运用激励手段来吸引企业参与合作，因此，在政企数据合作中，价值主张是解答企业“为什么”要自愿向政府共享数据的关键。政府的目标是创造公共价值，而企业的目标是实现利润最大化，政府在努力实现公共价值的同时需要让企业充分了解合作将带来的商业利益，如在前文三个案例中都因通关时间压缩而降低企业库存成本。对政府主导的政企数据合作而言，政府需要本身具备用好大数据的能力，才能让数据释放更大的价值，通过设计有效的激励机制吸引企业参与，让数据合作既能帮助政府实现公共政策目标，同时也能为企业产生商业价值。

7.4.4　注重合作的可持续性

平台与服务协作是大数据驱动公共服务的载体和技术基础。[④] 无论是搭建新平台，还是在原有平台与系统的基础上进行平台互联都需要政府和企业共同的资金与技术投入。在政府主导的大数据平台和全球质量溯源系统两个案例中，海关以政府采购的方式开发了平台并负责平台维护，企业也需要在数据准备上有资金和技术投入以便实现 ERP 数据与平台的对接。在企业主导的荷兰优荷花品鲜花供应链案例中，企业在建设从鲜花种植者到荷兰花卉进口数据管道信息系统上也进行了大量的投入。若政企数据合作项目缺乏可持续性，将会造成双方资源的浪费。因此，为确保企业在自

---

① 匡增杰，孙浩. 贸易安全与便利视角下加快实施我国 AEO 制度的路径探析 [J]. 上海对外经贸大学学报. 2017, 24 (02): 35-44.

② Frow P, Payne A. A stakeholder perspective of the value proposition concept [J]. European Journal of Marketing. 2011, 45 (1-2): 223-240.

③ Trischler J, Trischler J W. Design for experience - a public service design approach in the age of digitalization [J]. Public Management Review, 2021 (1): 1-20.

④ 上官莉娜，潘晨. 大数据驱动的公共服务供给模式变革：逻辑、类型与向度 [J]. 电子政务. 2021 (03): 73-82.

愿性数据共享合作中可持续地向政府提供数据，政企双方需要制订长期的合作规划，综合考虑外部经济环境和潜在的政策变化对合作效益的影响，保证政府从数据合作获益的长期性，以及对企业激励措施的长效性，并在合作过程中对双方的获益情况进行评估，实现政企数据合作的可持续性。

7.4.5 以数据管道促进跨境供应链合规

一般政企数据合作更容易在区域内开展，即政府部门与本地企业的合作，但有效的跨境供应链合规要求数据来源实际延伸到境外，这需要依靠海关与海关、海关与企业，以及海关与其他政府部门的多方全面合作。这就提高了数据合作的难度。数据管道可以被视为促进上述各方数据互联互通的信息技术基础设施，又被称为“虚拟数据总线”（Virtual Bus），目标是提升跨境供应链的可视性，促进跨境供应链合规，其实施的关键是在考虑所有参与方的利益诉求基础上设计激励机制，从而让包括政府和企业在内的所有参与方都可以从中获益。在本研究中，全球质量溯源系统和荷兰优荷花品鲜花供应链两个案例展示了政府主导和企业主导两种不同类型的数据管道成功实施经验，充分证明了以数据管道促进跨境供应链合规并创造公共价值的可行性。

全球质量溯源系统案例是政府主导构建数据管道，企业搭载利用政府的信息系统基础设施，间接实现了跨境供应链企业间的数据互联互通。Hesketh 提出数据管道这一概念时更侧重“从供应链源头获取数据”的目标,① 即强调数据从供应链上游向供应链下游的单向传递。而在全球质量溯源系统案例中，不仅实现了从上游到下游的质量数据传递，而且还可以把消费者的质量反馈再传递给供应链上游，实现了数据管道上的双向数据流动并形成闭环，放大了跨境供应链可视性的商业利益，增强了对企业的激励效果，也可为其他数据管道设计的企业激励机制提供参考和借鉴。

荷兰优荷花品鲜花供应链案例是企业主导构建数据管道，政府利用企业商业系统的数据，实现了对跨境供应链的有效监管。但荷兰优荷花品公司的数据管道仅面向个别供应链，辐射范围相对有限。在实践中，口岸监管部门可以与跨境贸易领域由私营部门建立的“数据枢纽（e-Hub）”开

① Hesketh D. Weaknesses in the supply chain: who packed the box? [J]. World Customs Journal, 2010, 4 (2), 3-20.

展数据合作，如世界电子贸易平台（Electronic World Trade Platform，eWTP）[①] 等，充分利用现有的私营部门商业信息系统资源，共同建立面向广大企业参与者的公共开放式数据管道，促进跨境供应链合规，提升贸易便利化水平。

① 世界电子贸易平台（eWTP）是一项由私营部门牵头并由所有利益相关者共同发起的倡议，旨在通过公私合作来培育电子贸易规则，并为跨境电子贸易（eTrade）的发展营造更加有效和高效的政策和商业环境，详见其官方网站 https：//www. ewtp. com。

第 8 章　基于区块链技术的跨境供应链信息共享机制

8.1　区块链技术原理与特性

8.1.1　区块链的概念

区块链（Blockchain）是一种按照时间顺序将数据区块以顺序相连的方式组合成的一种链式数据结构，并以密码学方式保证分布式账本的不可篡改和不可伪造。① 区块中包含有一定时间内产生的无法被篡改的数据记录信息。区块中包含数据记录、当前区块根哈希（Hash）、前一区块根哈希、时间戳以及其他信息。数据记录的类型可以根据场景决定，例如，资产交易记录、资产发行记录、清算记录、智能合约记录甚至物联网数据记录等。

区块链利用分布式共识算法生成和更新数据，并利用对等网络进行节点间的数据传输，结合密码学原理和时间戳等技术的分布式账本保证存储数据的不可篡改，利用自动化脚本代码或智能合约实现上层应用逻辑。如果说传统数据库实现数据的单方维护，那么区块链则实现相同数据的多方维护，保证了数据的安全性和业务的公平性。区块链的工作流程主要包含生成区块、共识验证和账本维护三个步骤。②

（1）生成区块。区块链节点收集广播在网络中的交易——需要记录的数据条目，然后将这些交易打包成区块——具有特定结构的数据集。

（2）共识验证。节点将区块广播至网络中，全网节点接收大量区块后进行顺序的共识和内容的验证，形成账本——具有特定结构的区块集。

（3）账本维护。节点长期存储验证通过的账本数据并提供回溯检验等功能，为上层应用提供账本访问接口。

---

① 工业和信息化部信息中心. 2018 年中国区块链产业白皮书［EB/OL］. http: //www. miit. gov. cn/n1146290/n1146402/n1146445/c6180238/part/6180297. pdf。

② 曾诗钦，等. 区块链技术研究综述：原理、进展与应用［J］. 通信学报，2020(01)：134-151.

8.1.2　区块链的核心技术

区块链技术不是一种单一的技术，而是融合多种现有技术的结果，并形成一种新型分布式计算和存储的方式，包括密码学、数学、经济学、网络科学等。① 这些技术以特定方式组合在一起，形成了一种新的去中心化数据记录与存储体系，并给存储数据的区块打上时间戳使其形成一个连续的、前后关联的诚实数据记录存储结构，最终目的是建立一个保证诚实的数据系统，可将其称为能够保证系统诚实的分布式数据库。区块链应用的核心技术主要包括以下方面。②

1. 点对点组网

点对点网络中的每个节点平等分布于系统内部，并独立参与系统运作，系统交易信息在各节点之间互为备份。这种去中心化的分布式组网方式不仅可以保证整个交易系统的安全，有效防止中心节点或单一节点损坏所导致的整个网络的瘫痪，而且能够从经济上提高交易效率，节约交易成本。

2. 时间戳技术

时间戳赋予区块链时间维度，每个节点都会通过加盖时间戳的方式把交易信息的写入时间记录在区块中，各区块最终按照时间戳的时间顺序连接成一条主链，且交易数据和写入时间将永久记录于区块链中。上述特征可确保区块链是一个不可篡改和可追溯的数据库系统。

3. 非对称加密技术

非对称加密技术采用公钥和私钥两个非对称的密码对数据进行加密或解密。其中，公钥对所有节点公开，私钥严格保密。使用公钥或私钥加密是为了确保数据传输的可靠性，而接收端数据解密是为了确保数据传输的准确性。非对称加密技术有助于区块链在网络认证、信息加密和数字签名等方面的应用。

4. 分布式共识算法

分布式共识算法是一种能够促使分布式网络节点达成共识的算法，将

---

① 长铗，韩锋，等. 区块链：从数字货币到信用社会［M］. 北京：中信出版集团，2016：48.

② 张衍斌. 以区块链技术构建中欧跨境电子商务生态圈［J］. 中国流通经济，2018，32（02）：66-72.

其应用于完全去信任的环境，可以充分解决去中心化网络中各节点间的信任问题。比较常见的共识算法包括工作量证明、权益证明、授权股份证明机制等。

5. 智能合约

智能合约是通过编程的手段来实现合约条款的自动执行。可将编程功能嵌入区块链，借助条件触发机制，按照预先设置的指令确保区块链在合法合规的框架下应用。同时智能合约本身所具有的可扩展性有助于区块链向智能监管、智能物流、智能交易等经济社会系统纵深发展。

8.1.3 区块链的类型

根据不同场景下的信任构建方式，可将区块链分为非许可链（Permissionless Blockchain）和许可链（Permissioned Blockchain）两类。非许可链也称为公有链（Public Blockchain），而许可链又可分为联盟链（Consortium Blockchain）和私有链（Fully Private Blockchain）。公有链、联盟链和私有链的特性对比见表 8-1。①

表 8-1　区块链的类型与特性对比表

特性	公有链	联盟链	私有链
参与者	任何人自由进出	联盟成员	个体或公司内部
共识机制	PoW、PoS、DPoS 等	分布式一致性算法	分布式一致性算法
记账人	所有参与者	联盟成员协商确定	自定义
激励机制	需要	可选	可选
中心化程度	去中心化	多中心化	（多）中心化
突出特点	信用的自建立	效率和成本优化	透明和可追溯
承载能力	3~20 笔/秒	1000~1 万笔/秒	1000~20 万笔/秒
典型场景	加密数字货币、存证	支付、清算、公益	审计、发行

公有链是指网络中的节点可任意接入，网络中数据读写权限不受限

① 华为区块链技术开发团队. 区块链技术与应用（第二版）[M]. 北京：清华大学出版社，2019：22-23.

制，任何人都可发送交易进行有效性确认、参与其共识过程的区块链，彼此之间不需要信任，以消耗算力等方式建立全网节点的信任关系，具备完全去中心化特点，但同时也带来资源浪费、效率低下等问题，典型应用包括比特币、以太坊等。

联盟链由多个机构组成的联盟构建，账本的生成、共识、维护分别由联盟指定的成员参与完成。参与区块链的节点是事先选择好的，节点间通常有良好的网络连接等合作关系，区块链上的数据可以是公开的也可以是内部的。网络中的节点部分可以任意接入公开节点，授权节点则必须通过授权才可以接入。由此可见，联盟链是弱中心化或部分去中心化的，是可控而无币的许可链，强调多方协作，典型应用包括超级账本（Hyperledger）等。

私有链参与的节点只有有限的范围，如特定机构的自身用户等，相较联盟链而言中心化程度更高，数据的访问及使用有严格的权限管理，其数据的产生、共识、维护过程完全由单个组织掌握，被该组织指定的成员仅具有账本的读取权限，典型应用包括 Eris Industries。

8.1.4　区块链的特点

关于区块链的特点，朱建明等人将区块链技术的特征总结为分布式对等结构、信任建立、公开透明、数据不易伪造不可篡改。[①] 杜均等人将区块链的特征归纳为去中心化、透明性、自治性、数据不可篡改、匿名性、智能合约。[②] 较具代表性的是，华为区块链技术开发团队将区块链的特点概况为信息透明可信、防篡改可追溯、隐私安全保障及系统可靠性高。[③]

1. 信息透明可信

在去中心化的系统中，网络中的所有节点均是对等节点，系统中的每个节点都可以完整观察网络中的全部行为，并将观察到的这些行为在各个节点维护一个本地账本，整个系统对于每个节点都具有透明性。在区块链

---

① 朱建明，高胜，段美姣，等. 区块链技术与应用［M］. 北京：机械工业出版社，2017：4.

② 杜均. 区块链+：从全球 50 个案例看区块链的应用与未来［M］. 北京：机械工业出版社，2018：152-153.

③ 华为区块链技术开发团队. 区块链技术与应用（第二版）［M］. 北京：清华大学出版社，2019：19.

系统中，所有节点共同参与共识过程，共识算法则保证了所有节点的账本一致。网络中的所有交易对所有节点均是透明可见的，而交易的最终确认也由共识算法保证了在所有节点间的一致性，所以整个系统对所有节点均是透明、公平的，系统中的信息具有可信性。

2. 防篡改可追溯

防篡改是指交易一旦在全网范围内经过验证并添加至区块链，就很难被修改或者抹除。若要编辑区块链系统上记录的内容，整个编辑的过程将被以类似于“日志”的形式完整记录下来。当前在联盟链中普遍采用的PBFT一类的共识算法保证数据一旦写入就无法篡改。而对于以比特币为代表的部分公有链系统采用了PoW作为共识算法，其篡改的难度大且其激励模型保证了篡改行为的不值得，攻击者需要控制全网超过51%的算力才能进行交易篡改，代价极其高昂。防篡改特性保证难被篡改，这为可追溯特性提供了保证。可追溯是指区块链上发生的任意一笔交易都是有完整记录的，可以针对某一状态区块链上追查与其相关的全部历史交易。如果出现问题，则直接根据链上数据界定责任。

3. 隐私安全保障

区块链的去中心化特性决定了区块链的去信任特性：由于区块链系统中的任意节点都包含完整的区块校验逻辑，所以任意节点都不需要依赖其他节点完成区块链中交易的确认过程，也就是无须额外地信任其他节点。去信任的特性使得节点之间不需要互相公开身份，因为任意节点都不需要根据其他节点的身份进行交易有效性的判断，这为区块链系统保护用户隐私提供了基础。

区块链系统中的用户通常通过公私钥体系中的私钥对身份进行控制，并使用与私钥对应的公钥，或公钥经密码学变换得到的地址作为唯一的身份标识。用户只要拥有私钥即可参与区块链上的各类交易，至于是谁持有该私钥则不是区块链所关注的事情。区块链也不会去记录用户与公私钥的对应关系，所以区块链系统知道某个私钥的持有者在区块链上进行了哪些交易，但并不知晓这个持有者是谁，从而在一定程度上保护了用户的隐私。

4. 系统可靠性高

区块链系统的每个节点对等地维护一个账本并参与整个系统的共识，也就是说，即使其中某个节点发生了故障，都不影响整个系统的正常运转。通常按照系统能够处理的异常行为可以将分布式系统分为崩溃容错（Crash Fault Tolerance，CFT）系统和拜占庭容错（Byzantine Fault Tolerance，BFT）系统。拜占庭容错来自著名的拜占庭将军问题，现在通常是指系统中的节点行为不可控，可能存在崩溃、拒绝发送消息、发送异常消息或者发送对自己有利的消息（恶意造假）等行为。与传统的分布式系统不同的是，区块链系统则是 BFT 系统，可以处理各类拜占庭攻击行为，支持拜占庭容错。当然，区块链系统的可靠性也不是绝对的，只能说是在满足其错误模型要求时，能够保证系统的可靠性。然而由于区块链系统中，参与节点数目通常较多，其错误模型要求完全可以被满足，所以一般认为区块链系统具有高可靠性。

8.1.5 区块链赋能跨境供应链的技术优势

借助分布式总账、共识机制、去中心自治性、时间戳不更改、匿名性和透明性等优势，区块链技术非常契合跨境供应链合规与信息协同领域的提升数据可视性、优化流程、提升数据质量的需求，有望成为克服跨境供应链信息协同问题的驱动技术，以创新的治理方式提升跨境供应链的可视性和透明性，实现跨境供应链信息协同，并促使企业行为发生转变，形成行业自律，最终达到跨境供应链合规目的。区块链赋能跨境供应链合规与信息协同的技术优势主要体现在以下四个方面。

1. 实现数据互通，信息协同

区块链数据具有高透明性和强一致性的特点，可以整合跨境供应链的碎片化数据，使得跨境供应链信息传递流程上多数的参与方可以直接以数据源的身份参与到系统中。与传统解决方案不同的是，区块链系统上参与方上传的数据在经过共识机制验证后会被记录在一个所有人共同拥有“账本”的系统中。如布莱恩·马斯特斯所言，通过“让多方使用相同的信息，而不用反复进行信息复制与对账”，极大地提升了零散数据汇总整合的效率，使全流程数据的系统化共通成为可能。对于以海关为主的监管方，将丰富监管过程中的信息来源，解决目前单一入口、监管信息需层层传递、监管机构远离信息源头的问题。

2. 提升数据真实性、准确性

数据不可篡改性和可追溯性是区块链的特点，可以用于加强跨境供应链协同数据的真实性、完整性和准确性。通过区块链分布式账本、公开透明等技术特性，建立公开透明又充分保护各方隐私的开放式区块链网络，有利于实现数据的供应链全网获取，可以应用于商品质量溯源和跨境电商物流信息追溯等场景，实现跨境供应链的信息完整透明。

由于区块链技术具有防止篡改、事中留痕、事后审计等特点，有利于提升跨境供应链单证的可信度和真实性，利用电子存证解决跨境供应链合规信息的可靠性和真实性问题，对涉及重大税收风险的申报，可以要求对关键单证进行上链存证，降低伪瞒报风险。此外，还适用于涉及多项监管证件的跨境供应链安全准入风险防控。例如，在化工危险品的监管中，通过各发证机关的多节点合作，全程记录化工危险品进出口审批的全过程。

3. 促进隐私保护，增强信任

在跨境供应链中，多个参与者之间处于竞争关系，各自与客户企业之间进行数据传递且并不希望其他竞争对手查看到，因此，链上流动的信息必须通过隐私保护技术，保证只有相关方（如核心企业和某一家供应商以及相关银行）才能查看交易相关信息。区块链所具有的密码学特性，如信息加密及解密授权和零知识证明等，使其能够提供丰富的隐私解决方案来解决数据安全与共享的矛盾。区块链的信息加密及解密授权方案确保了所有数据均由其拥有方自行加密上链，并可将解密权限仅授权给其认可的参与方，如贸易伙伴及海关等监管机构。零知识证明方案则能够在第三方无须解密链上密文、数据拥有方不泄露敏感信息的前提下，实现对部分链上信息，如货物总值、原产地等的验证和判断，充分利用贸易数据共享所带来的价值，提高全流程效率。

此外，区块链提供的去信任化机制不依赖权威机构的认证和信用背书，只需要信任区块链中参与方共同认可的算法，通过技术手段使得链上信息不可篡改，改变了传统信用创建的方式。因此，《经济学人》杂志将区块链介绍为创造信任的机器，① 即区块链可以在没有中央权威机构的情况下，为交易双方建立起信任关系。

4. 优化协同流程，提升效率

区块链凭借其分布式数据结构和数据加密处理等技术特点，打造了一

① Economist. The Promise of the Blockchain: The Trust Machine [EB/OL]. http://www.economist.com/news/leaders/21677198-technology-behind-bitcoin-could-transform-how-economy-works-trust-machine.

个由参与方共同构建的弱中心化系统，由参与方共同参与记录信息，并通过共识机制对上链信息进行验证，与跨境供应链多方主体共同参与的特点非常契合。由于区块链技术具有数据强一致性特点，使得区块链系统有能力覆盖跨境供应链信息传递流程中各个环节的参与方，为各参与方高效协同合作提供重要的基础，对建立跨境供应链企业与企业之间，企业与海关之间，甚至海关内部的协作和交流机制都有非常广阔的应用前景。同时，结合零知识证明技术的使用，通过数据共享最大化数据价值，可以在优化跨境贸易便利性和提升监管效率的同时确保数据拥有方的所有权和相应利益，激励更多跨境贸易的参与方加入该系统。

此外，还可以在部分标准化环节中引入智能合约的应用，在前序数据满足条件时自动触发执行后续相关业务，提高自动化程度。如在单证审核时通过智能合约实现身份认证和信息交叉验证，自动识别各方上传信息中的不同点并触发预警，将被动检测转为主动出击，从源头上杜绝欺诈风险。

8.2　相关技术标准

近年来，区块链技术在各个领域的应用逐渐深入，尤其在 2018 年后，区块链应用如雨后春笋般涌现，深刻影响和改变了传统信息系统的技术架构、服务模式和业务流程，但也给系统建设带来了新的挑战。各企业、机构、团体分别搭建自己的区块链系统，但缺少统一的区块链系统标准。各个区块链系统很难达成共识，阻碍了信息的有效传播，影响了信息的使用价值。在跨境贸易领域，也缺少相应的区块链标准。①

8.2.1　区块链参考架构

已有部分国家（地区）和组织在区块链标准化方面取得了一些进展。2016 年 9 月，国际标准化组织（ISO）成立了针对区块链和分布式账本的技术委员会 ISO/TC307。2017 年，美国提出的区块链参考架构将在标准化范围和不在标准化范围的内容进行了区分。同年 5 月，由中国电子技术标准化研究院牵头，组织中国区块链技术和产业发展论坛主要成员起草制定了《区块链　参考架构》这一标准。该标准草案从用户视图、功能视图、

① 跨境贸易区块链联盟. 跨境贸易区块链技术标准［S］. 2019.

用户视图和功能视图的关系方面给出了区块链参考架构，具体内容如下。

1. 用户视图：区块链角色与活动

用户视图规定了区块链服务客户、区块链服务提供方和区块链服务关联方的三种角色，并且描述了这三种角色下的15个子角色以及它们的活动（见图8-1）。

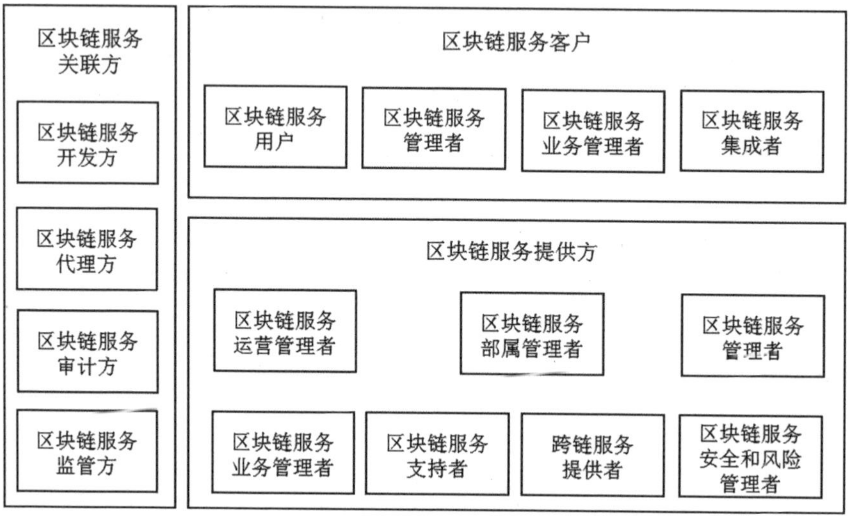

图8-1 用户视图

资料来源：中国区块链技术和产业发展论坛标准《区块链 参考架构》（2017）。

2. 功能视图：区块链功能组件

功能视图通过“四横四纵”的层级结构描述了区块链系统的典型功能组件，包括基础层、核心层、服务层、用户层的分层框架，以及包含开发、运营、安全、监管和审计的跨层功能（见图8-2）。

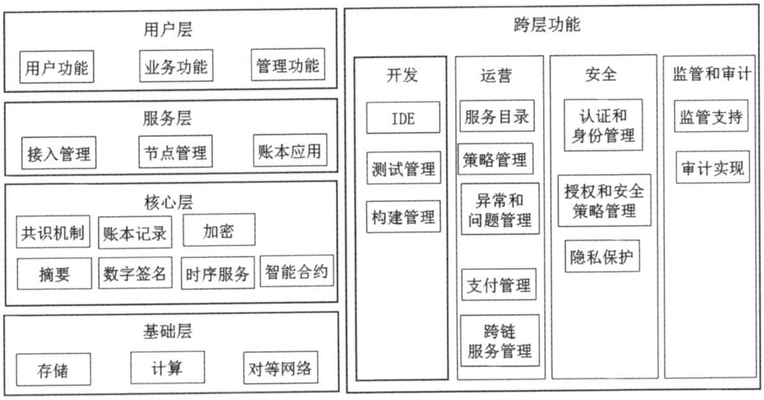

图 8-2　功能视图

资料来源：中国区块链技术和产业发展论坛标准《区块链　参考架构》（2017）。

3. 用户视图和功能视图的关系

在《区块链　参考架构》标准中，给出了用户视图和功能视图的关系，角色是区块链服务活动的集合，区块链服务活动本身又通过组件实现。此外，规定了既适用于区块链的用户视图，又适用于区块链的功能视图的七个共同关注点，包括模块化、性能、互操作、数据一致性、安全和隐私、经济合理以及安全可信。

8.2.2　《跨境贸易区块链技术标准》

2019 年，天津口岸区块链验证试点项目上线试运行。以此为契机，金融壹账通公司作为该项目的参与者组建了跨境贸易区块链联盟，并提出了《跨境贸易区块链技术标准》和《跨境贸易区块链白皮书》，旨在规范和指导区块链在跨境贸易中的应用。其中，《跨境贸易区块链技术标准》基于发布的《区块链　参考架构》和《区块链　数据格式规范》，同时结合了 ISO 20022 规范及世界海关组织的数据模型，为国内外其他相似平台的技术设计提供参考。

《跨境贸易区块链技术标准》规定了区块链系统在实施跨境贸易业务上的技术架构要求，范围涵盖了系统的架构设计、跨链技术、共识机制、智能合约运用、数据传输、存储、隐私保护与授权、身份认证、区块链系统监督与审计等内容，适用于跨境贸易领域的区块链服务提供者、服务使用者、服务合作者等。该标准针对区块链系统在分布式存储、点对点通信、链式结构、共识机制、加密策略等方面的技术特性，体现了区块链系统在项目实施方式上与传统架构的差异化要求，并对跨境贸易区块链系统中关键指标如数据加密安全、系统性能门槛等方面进行了标准定义。

为了实现不同国家、地区、机构建立的不同区块链系统能够资源互认、信息共享，《跨境贸易区块链技术标准》在跨境贸易跨链技术规范方面，提出如下技术标准要求。

（1）跨链交互的报文标准借鉴 ISO 20022 规范与世界海关组织的数据模型；

（2）跨境贸易报文推荐采用 RESTFUL/JSON 报文格式，通过 HTTPS 加密传输报文；

（3）跨境贸易报文字符集标准为 UTF-8；

（4）跨境贸易接入方相互访问时，必须采用 HTTPS 双向认证；

（5）为了帮助跨境贸易接入双方进行错误跟踪，跨境贸易接入方必须在跨境贸易报文头提供基于 Open Tracing 标准实现的 Open Trace ID；

（6）区块链系统应支持不同区块链系统的跨链交互，可以采用的主流技术有公证人机制、侧链技术、哈希锁定等。

在数据隐私保护和授权标准方面，《跨境贸易区块链技术标准》特别强调跨境贸易区块链中存储的信息是各参与方的核心交易数据，各方并不愿意将这些隐私数据以明文方式公布出来，同时由于监管或贸易纠纷取证等现实需求，又需要对关键交易信息的合规性进行验证。因此，如何在保证交易数据隐私性的同时验证交易的合规性是跨境贸易区块链中需要解决的核心问题。为保证跨境贸易区块链系统中多方参与者数据的隐私性，需要对上链的敏感数据进行加密保护。在需要进行数据共享的场景下，需要通过安全可靠的通信链路执行数据的授权操作，授权前需要对被授权人进行身份认证。为减少敏感数据的泄露风险，应该尽量使用零知识证明①来验证业务数据的合规性，避免使用数据的直接授权。

8.2.3 基于区块链的进口集装箱电子放货平台建设指南

2021 年 9 月，为有效解决我国进口集装箱货物在港口放货依赖于纸面单证、涉及多个主体和环节、办理流程复杂等问题，交通运输部印发了《基于区块链的进口集装箱电子放货平台建设指南》②，提出了平台建设要

---

① 零知识证明（Zero-knowledge Proof）由 S. Goldwasser、S. Micali 及 C. Rackoff 在 20 世纪 80 年代提出，它指的是证明者能够在不向验证者提供任何有用的信息的情况下，使验证者相信某个论断是正确的。具体参见《跨境贸易区块链技术标准》第 4 页。

② https：//xxgk. mot. gov. cn/2020/jigou/syj/202109/t20210929_3620444. html.

求，明确了提货单、海运单、设备交接单等集装箱单证上链的数据格式、交互要求等，以指导水运行业不断深化平台应用和数据共享，深化基于区块链的进口集装箱电子放货平台的应用。

其中，基于区块链的进口集装箱电子放货业务流程经过了海运单信息上链、提货单信息上链、申请报关、安排提箱、港口放箱、空箱返还六个环节。传统海运集装箱进口放货业务流程和基于区块链的进口集装箱电子放货业务流程对比见图 8-3、图 8-4。

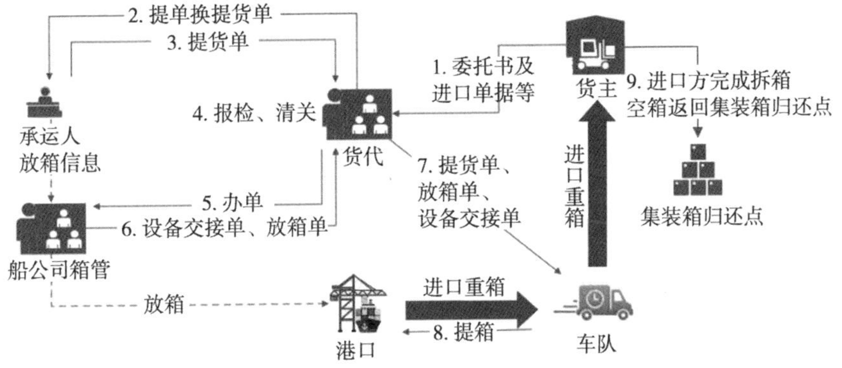

图 8-3　传统海运集装箱进口放货业务流程示意图

资料来源：交通运输部《基于区块链的进口集装箱电子放货平台建设指南》。

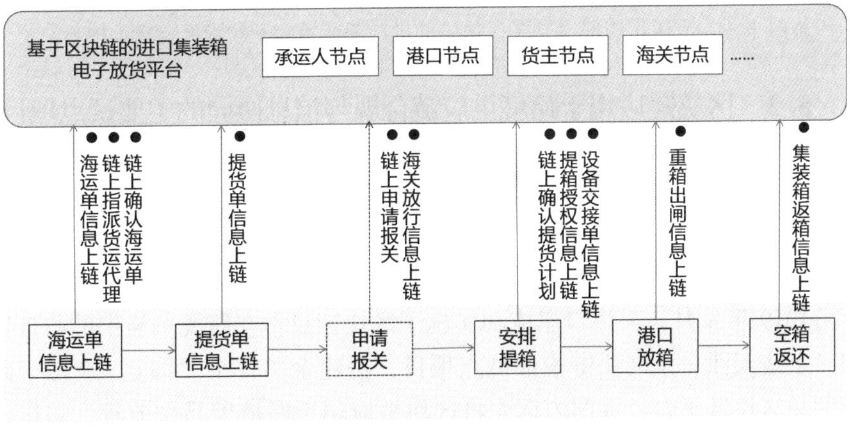

图 8-4　基于区块链的进口集装箱电子放货业务流程示意图

资料来源：交通运输部《基于区块链的进口集装箱电子放货平台建设指南》。

基于区块链的进口集装箱电子放货平台架构包括访问渠道层、业务应用层、数据交互层、平台服务层、平台核心层，具体见图 8-5。

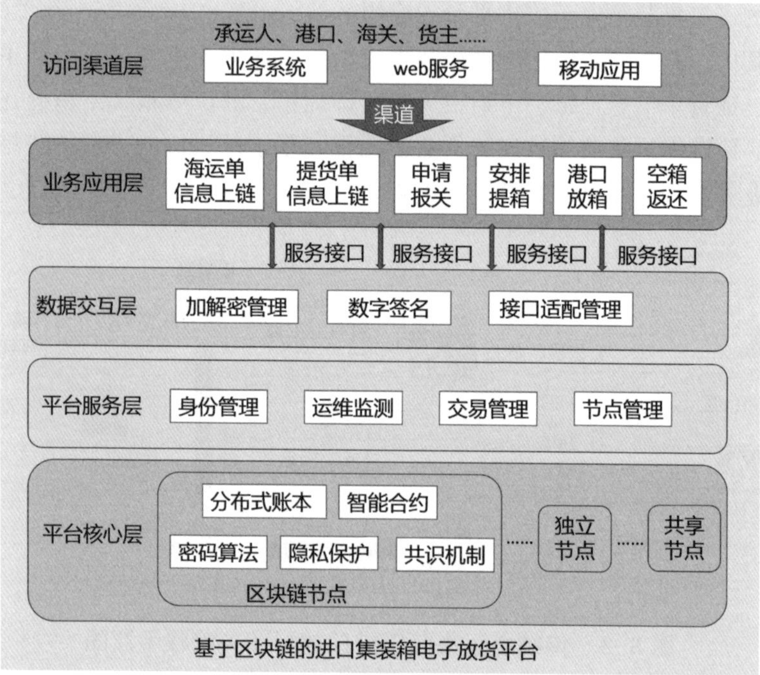

图 8-5　基于区块链的进口集装箱电子放货平台总体架构图

资料来源：交通运输部《基于区块链的进口集装箱电子放货平台建设指南》。

8.3　区块链应用于跨境供应链合规与信息协同的主要试点项目

8.3.1　国内跨境供应链区块链试点项目

1. 天津海关将区块链用于跨境贸易全流程

2019 年 4 月，天津口岸成功实施了区块链技术在跨境贸易中的验证应用，上线天津口岸区块链验证试点项目，搭建全国首个“海运+空运”跨境贸易区块链平台，在国内率先将区块链应用于跨境贸易全流程。该区块链项目建立了一个完整的跨境贸易的业务链条，能够获取可信的数据来源。原来海关接受申报的方式是报关行或者贸易的核心企业在中国国际贸易单一窗口进行申报，现在是通过建立跨境贸易联盟链，能够得到来自多方的数据，数据之间能够互相验证，保证了数据的真实性。其中，收货人、舱单传输人和报关行在区块链中分别上链进行信息的交叉验证——收货人传输发票、装箱单和运单信息；舱单传输人传输舱单信息；报关行传输报关单数据。在此票报关单中，已有包装种类、进境关别、贸易国、件数、商品名称、单价、币制和数量这八个字段参与交叉验证。尽管企业向海关申报的内容未发生改变，但申报材料由原来的企业自己提供，变为通过区块链技术直接由供应链相关企业和合作单位分别提供。

该区块链项目采用联盟链，数据对联盟内加密后，只有经过参与方的主动授权，被授权方才能看到数据的明文信息；企业未经授权不会看到其他参与方数据的明文信息，只能看到自己上链的数据信息，并采用多节点存储，单节点修改数据无效，数据的稳定性和可靠性较高。该区块链项目在空运场景普货及 B 类快件场景、海运平行进口汽车场景的业务创新已经落地，将继续拓展基于区块链技术的海运冻肉、AOG 航材管控、特殊区域货物管理和通关担保业务等场景。①

2. 青岛海关报关单数据分享系统

2020 年 3 月，由青岛海关联合青岛闪收付信息技术有限公司共同搭建的青岛海关区块链数据分享系统完成上线部署，并启动数据上链实测，架起了一条海关与外贸企业、金融机构的区块链加密数据通道。该项目基于“链赢金科”区块链技术联盟链，使用区块链技术实现了涉企海关信息精准有条件地分享，在为外贸企业增信，缓解企业融资难、融资贵问题的同时，也有利于金融机构提高风险控制效率。

该项目的业务应用场景是报关单数据上链，外贸企业分享报关单、关务汇总数据给银行，以便于获得银行数据贷额度；外贸企业分享报关单给监管仓，监管仓分享仓储存储信息，以便于和监管仓进行交叉验证；外贸企业间发生货物买卖交易时，通过智能合约把数据分享反馈给海关；外贸企业分享仓单存货信息给银行，以便于开展货物质押融资业务，并抄送至海关；银行放款通过，会把放款信息分享给外贸企业，并抄送给海关、仓储。

对企业而言，区块链上链可以帮助企业积累信用，积累数据资产，帮助外贸企业后续更快速获取银行贷款及获得更优惠的贷款利率。对海关而

① 金融壹账通助力天津海关区块链技术跨境贸易应用创新，中国证券报 · 中证网（2021-01-05）. https：//www. cs. com. cn/yh/04/202101/t20210105_6127593. html.

言通过反馈收集的数据将提高风险防控能力，方便后续稽核查。对金融机构而言，通过区块链获得企业分享的数据是可信的，可以帮助银行更好地优化企业信贷模型和内部信贷流程，会让流入这个场景的资金更便宜、协作更迅速，进而让利于外贸企业。

3. 威海海关的跨境寄递进口平台

威海海关作为青岛海关的一个隶属海关，结合应用“区块链+大数据”技术建立了威海跨境寄递进口平台，以解决威海与韩国间的跨境电商供应链寄递业务存在的全链条数据不完整的问题，实现跨境电商供应链参与各方的数据互联互通。

区块链技术实现了监管方对跨境贸易业务的“全流程监管”，提升了监管部门的风险防控水平，实现了“源头可溯、监管可控、职责可纠”，解决了跨境寄递业务中拆分单逃税、一般贸易伪报快件、数据验证困难、三单对碰数据真实性差等问题，促进企业贸易合规，让合规企业享受到监管方提供的快速便捷通关服务，从而达到跨境电商与国际快件业务所需的时效性。

该平台整合贸易企业、物流仓储企业、报关企业、金融机构、保险机构、海关、威海市大数据中心等节点生态共同参与，提炼要素数据上链，建立数据共享交互通道，实现贸易流、物流、资金流、信息流数据的整合，实现了参与者多方共赢。对于上链监管机构，监管视角从“验证结果”进入“过程验证”，实现精准监管、过程监管，大大降低监管成本。对于上链金融机构，利用贸易过程的可信数据，实现资金全流程风险控制。对于上链贸易企业，积累可信数据资产，享受快速通关等贸易便利。对于上链物流企业，获得精准优质客户和被多方证明的真实数据，解决原来货物丢失、破损无法明确责任范围等问题。

8.3.2 国外跨境供应链区块链试点项目

1. 马士基的 TradeLens 项目

TradeLens 项目由马士基集团和 IBM 联合创建，合作始于 2016 年 6 月，最初被称为全球贸易数字化平台（Global Trade Digitization Platform, GTD），2018 年后更名为 TradeLens。2021 年 5 月，马士基集团与中国的联通数字科技公司合作，TradeLens 贸易透镜项目在中国投入商业化运营。该项目是数据管道概念的一个具体应用，其核心是以区块链技术保障重要信息的存储与分配，通过区块链确保安全、可审计和不可篡改的交易记录，实现包括进出口清关在内的全球贸易跨组织业务流程数字化和自动化。已有 300 多个组织机构加入，包括航运公司 10 余家，涵盖 600 多个港口和码头的数据。TradeLens 贸易透镜项目已经跟踪了 4200 万集装箱的运输、22 亿个事件和大约 2000 万个发布的文档。①

在该项目中，每个加入分布式总账的区块链副本将自动与项目中各方的 IT 系统共享，这些区块链包的数据经过加密需要授权才能访问，海关被授权可以读取所有成员的海关相关数据，如卖方、买方、货物描述和价格等。由此海关不仅获得更完整且准确的数据，还可以更早地读取这些数据并用于货物风险评估，有利于促进合法贸易，提高企业合规性并提高海关监管效率。同时，进出口监管部门也让跨境供应链相关成员看到货物的状态信息。当跨境供应链有新的事件（如放行、结关等）触发时，各方都可以看到货物最新的状态，跨境供应链相关企业可以根据各自的业务流程访问相关更新后的数据并准备下一步所需的文档。

区块链的共享复制账本、不可篡改、许可链、通道、选择性背书和智能合约这六个特性成为 TradeLens 的关键要素。② 其中通道用于将区块链网络划分为独立的子网络，任何给定通道中的数据仅分发到属于该通道的节点。选择性背书用于验证交易，避免了公链的匿名网络使用工作量证明等机制进行验证时高能源消耗的问题。

2. 新加坡的全球贸易互联网络项目

全球贸易互联网络（Global Trade Connectivity Network，GTCN）是新加坡金融管理局（MAS）与中国香港金融管理局的战略联合创新项目。它是一个基于分布式账本技术的跨境基础设施，旨在将两地之间的贸易和贸易融资数字化，解决贸易融资中现有纸质系统固有的低效率和欺诈风险问题，最终目标是将网络扩展到整个地区和全球。

2017 年 12 月，新加坡网络贸易平台（NTP）开始运作。作为一站式贸易信息管理平台，NTP 整合了 TradeNet 和 TradeXchange 这两个系统的服务需求。前者 TradeNet 是成功运行了三十多年的新加坡国家单一窗口（NSW）

---

① TradeLens 贸易透镜™亚太区负责人：数字化平台打破信息孤岛，推动真正的信息共享 | 航运界（2021-06-18）. https://www.sohu.com/a/472794303_121123925.

② Jeacocke S, Kouwenhoven N. TradeLens uses blockchain to help Customs authorities facilitate trade and increase compliance [J]. WCO News. 2018: 64-67.

的平台，后者 TradeXchange 是一个有十年历史、实现企业对企业和企业对政府交换信息的技术平台。2019 年，全球贸易互联网络投入运营，进一步将新加坡网络贸易平台接入跨境平台，为亚洲区域数字化贸易和供应链平台的发展奠定基础，有助于提高供应链的透明度、完整性和安全性。

全球贸易互联网络的目标定位是一个行业中立、跨服务、跨境的公用基础设施，将为新加坡和中国香港间的各贸易金融应用程序提供共同视图，授权参与银行可以跨境分享不可篡改、可被审计的分布式账本，同时通过分布式网络保证了数据隐私和机密性，各利益相关方都能够保证对自己商业和财务领域的控制。目前，各种贸易法规和文档标准在国际贸易中发挥着重要作用，因全球贸易互联网络的目标是为国际贸易中普遍存在的问题提出数字解决方案，以提高供应链的透明度、完整性和安全性，不仅惠及新加坡和中国香港而且为亚洲区域数字化贸易和供应链平台的发展奠定基础。全球贸易互联网络将新加坡的网络贸易平台、港口、货代、保险公司、承运人、银行等多方通过分布式账本平台进行连接，并根据特定协议自动交换信息（见图 8-6）。①

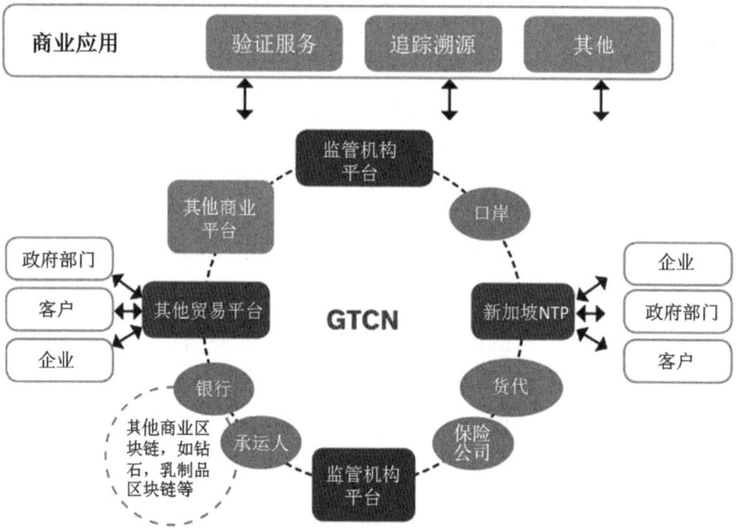

图 8-6　GTCN 及其参与者

资料来源：新加坡海关。

---

① Singapore Customs. Going beyond the national Single Window [J]. WCO News. 2018: 68-71.

全球贸易互联网络的优势有以下几个方面。

(1) 通过建立一个基于区块链的中央账本来存储和查询交易，从而降低重开发票的风险；

(2) 促进跨境贸易和贸易融资流程端到端的数字化；

(3) 基于分布式账本技术，使得不同行业的项目可以互用，并利用分布式账本技术的特性在跨境贸易和贸易融资平台之间建立信任，提高跨平台的互操作性。[①]

3. 海关 AEO 互认信息共享的 CADENA 项目

由于 AEO 互认信息在不同国家（地区）间数据交换中存在安全性和时效性两大难题，海关往往无法及时识别和更新对方国家（地区）的 AEO 企业信息，影响了 AEO 企业优惠便利措施及时从一国延伸到互认的另一国的实现。为此，墨西哥、秘鲁和哥斯达黎加海关在美洲开发银行（IADB）和微软的支持下开发区块链解决方案——CADENA 项目，以使各国（地区）海关能够自动、安全和高效地共享 AEO 企业信息，以确保有效执行 AEO 互认协议。[②] CADENA 项目使参与互认的海关能够实时共享 AEO 证书状态，同时确保数据应用安全、可追溯和保密要求。为促使企业积极参与，增加信任和透明度，CADENA 项目还使企业能够获取有关其证书的信息，并利用智能合约实现互认协议下 AEO 的自动验证。互认流程的关键是为每个 AEO 分配一个唯一的编号，该编号可在整个供应链中使用，互认的所有国家（地区）海关都可以识别。CADENA 项目使用了世界海关组织标准和全球唯一的贸易商识别代码（TIN）格式，可以关联包含完整信息集的 AEO 主数据。

目前验证阶段的效果显示，CADENA 项目可以给海关和企业带来以下好处：

(1) 有效提升 AEO 互认协议管理的效率和效果，海关可共享 AEO 证书的信息；

(2) 向用户授予不同的角色和权限来管理对数据的访问，确保数据的

---

① 详见新加坡金管局网站 https://www.mas.gov.sg/development/fintech/trade-finance.

② Santamaria S C. CADENA, a blockchain enabled solution for the implementation of Mutual Recognition Arrangements/Agreements [J]. WCO News. 2018: 60-62.

完整性；

（3）企业一旦通过 AEO 认证，立刻可以享受到互认协议中的优惠便利；

（4）提升透明度，企业不仅可以访问自己的认证相关信息，也可以查看互认协议国家（地区）的其他 AEO 企业列表；

（5）确保海关对 AEO 资质的暂停、取消和撤销信息实时共享，加强了供应链的整体安全性。

4. 欧盟海关联盟的 ATA 单证册数字化试点项目

在世界海关组织的支持下，国际商会（ICC）主导开发了全球 ATA 单证册电子系统——水星系统（Mercury）①。该系统旨在实现全球 ATA 单证册电子数据的实时交互，最大限度简化通关流程，提高通关效率。2017 年，欧盟海关联盟与国际商会全球理事会合作试点了基于概念验证（POC）的区块链实验项目，并探索是否可以基于区块链的应用与 Mercury II 交互，验证公有链的分布式账本技术可用于确保私有区块链平台上的单证册和交易的完整性和可追溯性，以增强水星系统数据的可信程度。该试点项目已于 2018 年顺利完成，尽管欧盟海关联盟目前没有计划将该项目投入正式运作，但该项目表明了区块链技术可以提供一种潜在的解决方案，并提供了宝贵经验和启示。②

区块链实验项目的创新之处在于通过公有链与私有链相结合的混合链来实现对 eATA③ 数据的公证。一般而言，公有链没有参与方的限制，但每

---

① 2019 年，国际商会拓展水星系统功能，使其具备 ATA 全周期综合业务的职能，我国是七个试点国家（地区）之一。试点国家（地区）单证申请签发系统与国际商会的 Mercury II 进行数据的实时交互，实现国际一站式信息共享。试点企业在线申请电子单证并放入手机安全电子钱包，海关关员通过扫描二维码检查单证册所涵盖的货物总清单，并签注完成通关流程的无纸化模式，详见 http：//www. atachina. org/。

② Saadaoui Z. Digitization of ATA carnets：How the blockchain could enhance trust [J]. WCO News. 87, 2018：56-59.

③ eATA 指电子 ATA 单证册，ATA 是法语和英语术语“Admission Temporaire/Temporary Admission”的首字母缩写词，ATA 单证册（ATA Carnet），是一份国际通用的海关文件，它是世界海关组织为暂准进口货物而专门创设的。

次写入信息形成共识节点的成本高，且会受到外部攻击的威胁（“51%攻击”①），而私有链交易效率高，数据保密性好，但只允许单个机构参与。区块链实验项目采用扬长避短的方式，首先在私有链上存储单证册或交易相关的实际数据，保证在任何给定时间文档的真实版本，并提供文档或交易的数字签名，然后定期将私有链单证册和交易的哈希值上传至以太坊公有链（定期锚定）。由于在公有链上只存储有哈希值，解决了 eATA 原始数据保密的问题，当在进出环节需要验证 eATA 真伪时，通过公有链上的哈希值来完成验证，有效实现独立公证。这样一来，借助公有链面向所有参与者的特点解决了商业环境下参与企业的开放性问题，通过仅在公有链上定期锚定存储在私有链的最新哈希值降低了在公有链写入信息的成本，实现了私有区块链的利益最大化。区块链实验项目 eATA 单证册和交易的上链公证过程见图 8-7。

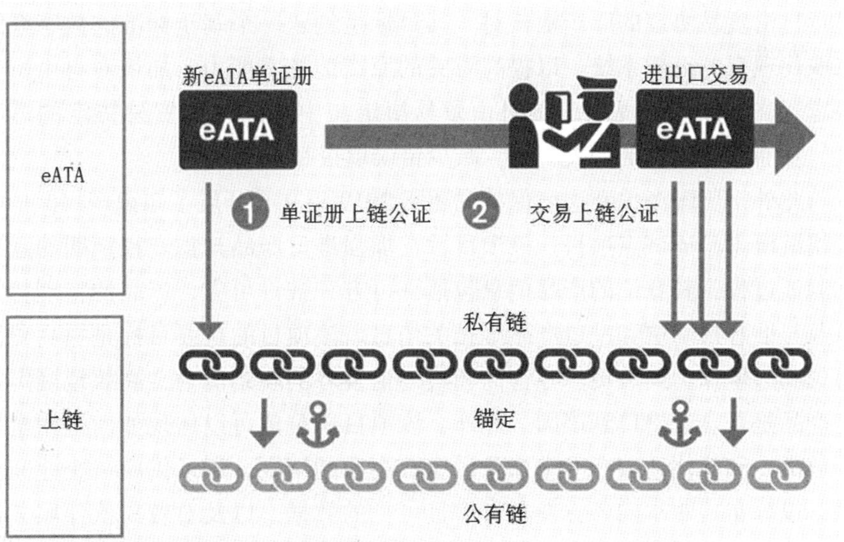

图 8-7　eATA 单证册和交易的上链公证过程图

资料来源：https：//mag. wcoomd. org/magazine/wco - news - 87/digitization - ata - carnets/.

---

① 当系统中有合作关系的恶意节点所控制的算力超过诚实节点所控制的算力，系统就有被攻击的风险。这种由恶意节点控制超过 50%算力所发起的攻击，称为 51%攻击。

5. 美国海关和边境保护局（CBP）的区块链试点项目

以纸质单证为主的自由贸易协定和原产地证书在海关核查中存在效率低下且容易产生错误和欺诈问题。2018 年 9 月至 10 月，针对此问题，美国海关和边境保护局在北美自由贸易协定（North American Free Trade Agreement，NAFTA）与中美洲自由贸易协定（Central America Free Trade Agreement，CAFTA）场景下开展了为期一个月的基于概念验证①的区块链项目。该项目以跨境跨境供应链合规为目标，共链接了十个系统，参与方包括国外制造商、国外出口商、美国进口商、报关代理商、美国海关和边境保护局及其他相关政府部门。② 该项目利用区块链技术在去中心化的、防篡改的分布式账本系统上托管贸易交易信息，以此来改进贸易相关文件的处理，主要用于验证美国海关和边境保护局是否可以使用区块链技术接收原产地证书数据，并根据北美自由贸易协定与中美洲自由贸易协定对货物进行自由贸易协定的原产地核对。其目标是创建一个基于标准的数字系统来取代现有的纸质系统，以提高海关的原产地核查能力，加快对自由贸易协定资格的评估，提高北美自由贸易协定与中美洲自由贸易协定的透明度，从而缩短货物的通关时间、减少错误填报和行政处罚。

此外，美国海关和边境保护局还于 2019 年 9 月开展了知识产权保护的区块链概念验证试点项目。该项目旨在加强进口产品知识产权声明的登记和验证过程，其登记的产品信息包括许可方和被许可方、产品的物理特征以及与谁有权制造和进口产品等相关信息。该项目的首要目标是提高美国海关和边境保护局关员、零售商和最终消费者的甄别能力，高效地确定特定产品是否合法进口到该国。此外，该项目还希望可以体现如何运用全球开放标准和其他新兴标准来加强供应链企业的识别，记录供应链企业间关系，以分布式账本向各方发布可信且可见的数据，以及对贸易伙伴服务器上私有数据和改动数据进行访问。由此促进美国海关与边境保护局和企业之间的信息实时传递，明确识别和授权给许可方、制造商和进口商，确保许可数据的准确性，使海关和授权贸易伙伴能够确定某个组织是否拥有生

① 概念验证（Proof of Concept，POC）是一个用来确定可行性的原型解决方案，以证明特定的概念或者理论是否可行、有价值且可实现。

② U. S. Customs and Border Protection Trade Transformation Office，"NAFTA/CAFTA Proof of Concept Assessment，" 2018. https：//www. cbp. gov/document/technical－documentation/naftacafta-proof-concept-report.

产特定产品的许可证或再许可证，以及进口商是否有权进口所述产品。[①]

8.3.3　国内外跨境供应链区块链试点项目特点总结

1. 立足于公私合作

目前国内外开展的一系列区块链试点项目都立足于海关与企业的合作，既有海关主导下自主搭建区块链平台项目，也有海关参与企业发起的区块链项目。项目发起者需要设计有效的激励机制，吸引其他参与者积极加入。我国青岛海关主导的报关单数据分享系统可以直接解决企业的融资问题，间接地促进了海关报关单数据质量改善，实现了关企双赢。马士基的 TradeLens 平台，航运企业作为主导者，海关作为参与者，采取的是搭载原则（Piggybacking Principle），强调数据不同用途的重复再利用，该网络的成员包括承运人、贸易商、货代等供应链企业，多国海关和政府机构也加入了该项目。来自企业的原始商业数据本来被用于供应链企业间的高效交流，现在也被监管部门再次用于风险评估、清关和查验安排，而海关从 TradeLens 平台获取供应链数据的同时也向平台的供应链企业提供了查验和放行等事件信息。

2. 联盟链为主，混合链为辅

目前在跨境供应链合规领域开展的区块链项目主要采用联盟链的形式，例如，在我国天津海关、青岛海关等开展的区块链试点项目，以及国外航运企业马士基的 TradeLens 项目等。在区块链领域有一个广受关注的技术瓶颈，即“不可能三角”问题，在高效率、去中心化和安全三方面难以兼得，往往需要牺牲其中一方以满足另两方的需求。由于在跨境供应链领域的应用更关注区块链的性能、安全、隐私保护、监管合规等要素，往往采用弱中心化的联盟链，使其在效率和安全两方面更具优势，以满足跨境供应链企业与政府多主体之间的协作需求。

与公有链和私有链相比，联盟链的主要技术优势在于以下几方面：

（1）只有特定的、被颁发许可的成员才能参与记账权限和维护治理，从源头上对参与者身份进行验证，增强互信，保证区块链安全；

---

① U. S. Customs and Border Protection, “Intellectual Property Rights Proof of Concept Report”, 2020. https://www.cbp.gov/document/report/intellectual-property-rights-proof-concept-report.

(2) 在可信度方面，由于行业间能互相监管，因此比私有链更为可信；

(3) 联盟链上的交易只需被几个授信的节点验证，无须全网确认，相对公有链交易成本更加低廉，保证交易低延时、高效率。①

同时，也有少数区块链项目采用公有链加私有链的混合链形式，如欧盟海关联盟的 ATA 单证册数字化试点项目。该项目采用混合链的原因在于兼顾安全性和去中心化的需要。一方面，验证 ATA 单证的使用者数量庞大，采用公有链的方式可以实现向所有需要验证的对象开放，访问公链上的哈希值进行验证；另一方面，又通过私有链保障了 ATA 单证本身的数据保密和安全的需要。

3. 从概念验证试点起步

美国海关和边境保护局的北美自由贸易协定与中美洲自由贸易协定和知识产权保护场景的区块链试点项目以及欧盟海关联盟的 ATA 单证册数字化试点项目都是短期的基于概念验证的项目而非长期持续的项目，无论是作为发起者的海关还是参与者的企业都对此都非常明确。概念验证是用于验证特定概念或理论可行性的短期评估。概念验证旨在对可行性进行评估，确定技术和运营的主要问题，并为未来项目的开发和预算提供建议，从而确定成功推进既定概念所需的各种资源，因此概念验证特别强调对项目开展结果的评估。

在欧盟海关联盟的 ATA 单证册数字化概念验证项目结束之后，欧盟海关联盟与税务总局并没有打算继续将该项目投入正式运行，但项目期间的经验教训将使参与 ATA 单证册数字化项目的利益相关者受益。美国海关和边境保护局在对北美自由贸易协定与中美洲自由贸易协定区块链概念验证后由商业转型和创新部（BTID）评估得出了“建议继续推进”的结论，同时也指出了继续推进的几个障碍，如上述自由贸易协定尚未经过充分谈判、私营部门的区块链技术应用较少，以及对中美洲自由贸易协定和 AEO 企业利益的影响等。尽管这上述概念验证项目尚未得到正式运行，但通过对项目的科学验证，客观评估了技术、人员、资金等方面的可行性，发现了继续推进中的瓶颈因素，为后续正式运行奠定了基础，同时避免在条件

① 冯莉，冼君行，龚戈亮. “区块链 VS 供应链，天生一对”［R］. 德勤(Deloitte)，2020.

不成熟的情况下盲目全面上线造成不必要的浪费。

8.4　区块链应用于跨境供应链合规与信息协同的挑战与对策

8.4.1　区块链应用于跨境供应链合规与信息协同的挑战

1. 覆盖面仍比较有限

由于区块链技术受到海关和跨境供应链企业的共同关注，在各国（地区）海关和企业的积极探索下，跨境供应链合规与信息协同领域的区块链应用试点如雨后春笋般涌现。尤其在我国的天津和青岛口岸的试点项目中，随着试点业务领域不断拓展，上链企业也持续增多，但与参与进出口贸易企业的总体数量而言，上链企业的比例仍相对较低。目前，区块链技术推广应用的障碍之一是缺少让企业信息系统易于链接到区块链平台的“即插即用”的技术解决方案。[①] 当前我国海关区块链应用模式大多采用报关数据上链以及多方交叉比对验证的模式，一些中小企业数据对接能力不足，上链存在技术困难。尽管上链后的企业通关效率会提高，同时也面临信息系统投入和管理成本增加等问题。

国外海关与企业合作于开展的跨境贸易领域的区块链试点多为阶段性的概念验证项目，在测试期结束后，鲜有项目在测试结束被全面投入跨境贸易监管应用，例如，美国海关和边境保护局分别开展的北美自由贸易协定、中美洲自由贸易协定和知识产权保护领域的试点、欧盟海关联盟于 ATA 单证数字化概念验证项目，以及韩国海关开展的区块链技术驱动的电子商务通关平台试点项目等。上述项目参与的企业规模大多也仅在几十家左右，主要用于测试与评估区块链应用于海关跨境贸易合规与信息协同领域的可能性。

目前，企业主导的 TradeLens 项目是跨境供应链合规与信息协同领域为数不多的具有一定影响力和用户规模的区块链平台，该平台主要用于集装箱端到端物流链的可视化，其次才是区块链上的文件流转，如基于区块链的数字化提单。

2. 治理模式尚未成熟

区块链利用 P2P（Peer to Peer）对等网络模型，对各参与节点进行组

---

① Longo F, Nicoletti L, Padovano A, D´Atri G, Forte M. Blockchain-enabled supply chain: An experimental study [J]. Computers & Industrial Engineering, 2019, 136: 57-69.

网，并在各对等节点间分批任务和共享资源，因此区块链系统属于跨组织信息系统[①]的范畴。与组织内部的信息系统相比，跨组织信息系统跨越组织边界，需要两个及两个以上组织的互联和协调，具备互操作性、动态性、兼容性和灵活性的特征，管理复杂程度高，常常存在组织间缺乏信任、目标不一致等问题。尽管在跨组织信息系统治理领域已有丰富的研究成果，但尚缺乏针对区块链系统的统一的治理框架，以便从参与者的角色、责任、决策权、激励等维度对区块链系统进行全面分析和考察。[②]

在现有跨境贸易合规与信息协同领域的区块链试点中，同样面临着多主体数据上链带来的组织间协同问题，数据交叉验证往往涉及进出口企业、国际承运人、报关企业、货代等众多企业节点。尽管通关效率提升会给企业带来经济效益，但考虑到各节点企业存在不同的利益诉求，有待进一步完善区块链治理模式，提升相关企业对数据上链的积极性。

我国的《区块链　参考架构》中的用户视图对区块链角色和活动进行了定义，规定了区块链服务客户、区块链服务提供方和区块链服务关联方三种角色和15种子角色。由前文列举的各国（地区）区块链试点项目可以看出，跨境供应链上的监管机构和相关企业等主体都可以成为参与节点，但在这些对等节点中仍然存在着主导者和参与者的角色分配问题，企业主导或监管部门主导建立区块链平台分别具有各自的优势。从现有试点项目的特点来看，如TradeLens贸易透镜项目等航运企业主导的平台在跨境供应链数据来源的纵向长度上更具优势，而如我国青岛海关报关单数据分享系统等监管部门主导的平台则在涵盖领域的横向广度上更具优势，更容易串联其他口岸监管部门和金融机构。随着基于区块链的电子营业执照、电子发票、电子提单等项目陆续推进[③]，当区块链成为广泛采用的鉴别数据真伪的有效公证方式时，监管部门与企业主导的区块链平台也将实现深度融合。

---

① 黄梯云，李一军，叶强. 管理信息系统（第七版）［M］. 北京：高等教育出版社，2019：296-297.

② Ziolkowski R, Miscione G, Schwabe G. Decision problems in blockchain governance: Old wine in new bottles or walking in someone else´s shoes? ［J］. Journal of Management Information Systems, 2020, 37 (2): 316-348.

③ 工业和信息化部信息中心. 中国区块链产业白皮书［R］. 2018.

3. 互操作性亟待加强

目前国际标准化组织和部分国家（地区）在区块链标准化领域已有了一些成果和进展，但总体上由于区块链技术的应用还处于研究和探索阶段，世界范围内通用的标准体系尚未完全确立。在跨境供应链领域，随着各试点区块链平台的陆续涌现，如果缺乏跨行业的通用体系架构将导致多个区块链之间缺乏兼容性和互操作性，对各自遗留系统的依赖度高。尽管已有金融壹账通公司提出的《跨境贸易区块链技术标准》和交通运输部印发的《基于区块链的进口集装箱电子放货平台建设指南》等参考标准，但仍缺乏跨行业的通用体系架构和技术标准，统一的行业通用的技术标准仍有待建立。此外，目前我国海关参与的多个跨境供应链区块链试点项目所选择的技术提供商不尽相同，这些科技公司采用的底层架构或不相同。如果各业务场景的区块链项目数据不能有效地互联互通，则很可能产生新的数据孤岛问题。

事实上，各航运巨头已就区块链的行业标准展开竞争，自 2018 年中远海运集团等九家港航企业和软件解决方案提供商 Cargo Smart 联手成立了区块链联盟全球航运商业网络（GSBN）之后，马士基等五家集装箱航运公司计划成立协会，也着力于解决集装箱航运业的数字化、信息技术标准化和互通性问题。在缺乏国际统一的跨境供应链领域区块链应用行业技术标准的情况下，面对多个商业区块链平台之间的竞争，企业一旦加入某个平台，今后转移到其他平台的转换成本将很高。同样，多国海关发起的区块链试点项目也面临着如何与行业标准相统一的问题，缺乏互操作性会对贸易便利化造成新的阻碍。

4. 法律规制有待完善

区块链技术应用在跨境供应链合规领域可能面临以下法律方面的挑战。

（1）区块链技术的应用往往需要对组织原有业务流程进行再造，改变信息传递方式、简化手续等。[①] 而在跨境供应链合规领域，现有的法律法规是否允许这样的业务流程再造需要关注，否则将变为解决合规问题却产生新的合规问题。以肯尼亚出口鲜花至荷兰的试点项目为例，在原有的流

---

① Tan A W K, Zhao Y, Halliday T. A blockchain model for less container load operations in china [J]. International Journal of Information Systems and Supply Chain Management. 2018, 11 (2): 39-53.

程中，飞机落地后串行流程完成风险评估和海关申报，后为缩短企业申报时间，通过区块链技术等打造数据管道，使得在飞机航行期间并行完成风险评估和海关申报手续。这样的解决方案不仅要考虑技术上的可能性，更要考虑法律上的可行性。

（2）跨境供应链管辖权分散。由于跨境供应链合规的分布式账本在地域上是分散于全球的，而每个网络节点可能受到不同的法律要求的制约。① 例如，尽管从技术角度区块链可以保证数据是加密且不可篡改的，但区块链文档是否可以作为法律意义上的存在或所有权证明，不同国家（地区）的法律可能有不同的认定和解释。此外，由于区块链去中心化、自治性的特点，一旦出现问题，最终也很难确定其运作和信息负责的主体。

（3）区块链系统设计对各国（地区）口岸监管法律法规变化的适应性面临挑战。假设区块链技术方案已符合现有的跨境供应链合规的要求，但法律法规会进行调整，各国（地区）的海关申报要求也不断发生变化，区块链的架构和数据结构是否具有这样的灵活性以适应跨境供应链要求的变更和调整？跨境供应链合规的核心是合规，且受到跨境涉及的多个国家（地区）法律法规的影响，由此区块链系统设计对法律法规变化的适应性的挑战不容忽视。

（4）区块链数据跨境交互面临数据跨境流动的相关法律法规制约。在跨境供应链合规与信息协同领域的区块链应用将不可避免地面临境内主体与境外主体直接进行数据交互的情形。一方面，若区块链联盟中的部分主体在境外，则其他国家（地区）的机构和个人的信息将不可避免地被上传至区块链节点后并通过系统的授权规则，在境内主体和境外主体之间直接交互明文数据。此种数据交互行为将受到我国和其他国家（地区）的数据相关法律的规制。另一方面，除区块链项目本身参与主体的国际化外，项目还有可能与其他国家（地区）的区块链项目进行对接，特别是跨境贸易的业务场景中，将区块链技术应用在跨国运输、贸易、交易结算等场景时。届时项目的联盟规则如何与其他区块链项目的规则进行跨链匹配适用也将成为未来需面临的挑战。因此，区块链联盟中各主体在数据出境和入境方面或将面临多重监管的压力。②

---

① Tena M. 7 regulatory challenges facing blockchain [EB/OL].（2017-01-16）. https：//www. bbva. com/en/7-regulatory-challenges-facing-blockchain/.

② 深圳壹账通智能科技有限公司. 区块链法律合规白皮书 [R]. 2019.

8.4.2　区块链应用于跨境供应链合规与信息协同的对策

1. 对症下药选择场景，试点后全面评估

（1）前期结合跨境供应链合规领域的特点选择合适的应用场景进行区块链试点，或基于概念验证进行评估。区块链技术并不是万金油，有其自身的优势和特定的适用范围，需要根据问题对症下药，充分发挥区块链技术的优势，使其成为解决问题的良方，从而吸引更多供应链成员加入。因此，可以在 Huges 等人的区块链创新框架①基础上，建立海关监管与跨境供应链合规领域的区块链创新框架，用于考察应用区块链创新的适用领域（见图 8-8）。在海关和跨境供应链企业选择区块链应用场景之前可以明确以下几个问题。一是相对优势，区块链与目前的做法和其他解决方式相比具有哪些优势？二是相容性，区块链与目前的实践需求相匹配吗？三是技术的复杂性和局限性，应用区块链技术是否存在难以使用或难以理解的情况？有何局限性？通过上述过程评估应用区块链技术对该场景的适应性。

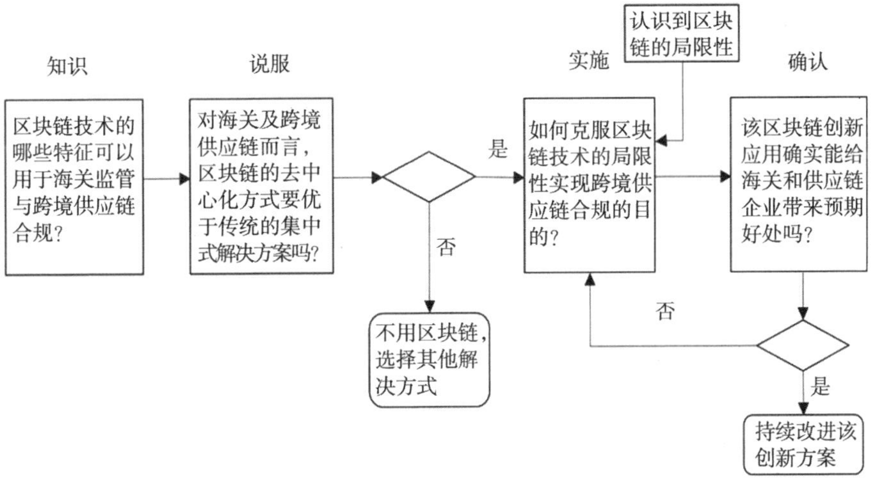

图 8-8　海关与供应链合规区块链创新框架图

资料来源：作者基于《Blockchain research，practice and policy：Applications，

① Hughes L，Dwivedi Y K，Misra S K，et al. Blockchain research，practice and policy：Applications，benefits，limitations，emerging research themes and research agenda [J]. International Journal of Information Management，2019，49：114-129.

benefits, limitations, emerging research themes and research agenda》① 中的创新框架并结合跨境供应链合规情景修改。

（2）对试点实施效果进行全面评估。欧盟海关联盟、美国海关和边境保护局的区块链试点都是从概念验证开始，在试点结束后对实施成效进行了全面评估。以美国海关和边境保护局的区块链试点北美自由贸易协定、中美洲自由贸易协定和知识产权保护领域的试点②为例，对其试点成效设定了五个方面的关键绩效指标进行评估，包括利用程度增加、培训有效性、操作成本降低、生产效率增加、增进合作五个方面，并面向企业和海关的参与人员设计了调研问卷（见表 8-2）。根据问卷调查发现该项目试点运转良好的方面和待改进之处，最终得出继续推进的结论。因此，对区块链试点效果进行全面评估，不仅可以客观了解该场景下区块链创新的可行性、优势和不足，而且为后续项目继续开展奠定了技术基础。调研问卷得出的企业试点情况反馈数据对后续吸引更多企业参与项目，扩大项目覆盖面，也具有积极的作用。

表 8-2　调研问卷表

	请描述以下各项内容的优势和不足
1	将 NAFTA 与 CAFTA 声明嵌入初始进口概要申报。
2	利用区块链技术代替传统的 CBP 表格 28、29 流程。
3	需要对额外的数据进行告知。
	业务与运营
4	这项概念验证试点是如何提高您的效率的？请说明使用的指标。
5	请说明此项试点对效率的影响（包括优势与不足）。
6	如何改进用户体验，使其更高效？
7	该试点如何降低运营成本（如果有的话）？请说明使用的指标。

① Hughes L , Dwivedi Y K , Misra S K , et al. Blockchain research, practice and policy: Applications, benefits, limitations, emerging research themes and research agenda [J]. International Journal of Information Management, 2019, 49: 114-129.

② U. S. Customs and Border Protection Trade Transformation Office, "NAFTA/CAFTA Proof of Concept Assessment", 2018. https://www.cbp.gov/document/technical-documentation/naftacafta-proof-concept-report.

表8-2　续

8	根据您收到的数据，您是否希望看到更多或更少的数据？有何不同？
9	数据是否可访问？是否易于收集和使用？
	技术
10	请描述您所在机构的初始系统架构以及节点（或交易证据系统）设置的复杂性？
11	您如何从当前数据结构过渡到区块链结构？
12	与当前的系统和程序相比，运用区块链之后人力资源得到增强还是弱化？
13	长期投资回报率（ROI）是否对前期成本有效？
14	您觉得这项技术未来值得的投资吗？为什么？
15	它是否可以拓展处理应对未来的数据量？
	法律方面（仅限美国海关和边境保护局回答）
16	区块链技术是否减轻了对物理签名的需求？
17	在区块链技术下，哪些法规制度需要更新？
18	根据以上问题的答案，实施新的规则和监管方案需要多长时间？
19	是否有其他应考虑的法律影响？
	请描述您对 NAFTA 与 CAFTA 区块链概念验证业务方面的想法
20	基于您的参与程度，您对该区块链概念验证的满意程度如何？
21	您对这一概念验证的总体体验和满意度如何？就业务与技术的相互促进，哪些方面进展顺利？哪些方面进展不顺利？
22	您认为可以采取哪些不同的措施来改进未来的项目？
23	您是否希望扩展此项目以纳入 ACE①？
24	您会建议在区块链技术上投入更多的时间和精力吗？为什么？
25	其他意见。

资料来源：美国海关和边境保护局发布的《对北美自由贸易协定与中美洲自由贸易协定（NAFTA 与 CAFTA）概念验证的评估》报告。

2. 加强区块链治理，完善激励机制的设计

区块链治理是指在利益相关者共同参与给定区块链项目的背景下，实

① ACE（Automated Commercial Environment），美国的贸易单一窗口。

现利益相关者的指导、控制和协调的手段①。从我国和国外的试点情况可以看出，跨境供应链合规与信息协同领域的区块链应用不仅是技术措施，同时还是一个社会系统，涉及法律和制度安排、政企合作伙伴关系、跨国数据流动等多个因素，属于多层次治理问题。因此，需要基于社会—技术系统的视角，建立区块链治理的框架，促进参与者了解区块链技术在何处、如何应用、有何效果，从而有效促进贸易便利化和跨境监管互联互通。

目前多数研究聚焦于区块链技术层面的应用，少数研究涉足区块链治理领域。Beck 等人提出的一个扩展 IT 治理的框架，将决策权、责任和激励措施三个关键维度应用于区块链经济的治理。② 在此基础上，Pelt 等人将区块链治理拓展到六个维度，包括背景、角色、激励、成员资格、沟通和决策（见表 8-3）。③

表 8-3　区块链治理六维度框架表

治理维度	说明
背景	区块链的相关背景信息，如区块链项目的目的、启动方式、理念，以及许可类型
角色	分析参与者的不同角色，描述其层次结构，研究角色的责任
激励	关注区块链治理中激励如何实现，如参与成员的激励来源是什么、开发资金投入来源、节点运营商参与的动机等
成员资格	关注角色的参与和成员的管理方式。区块链是否开放供任何人加入和参与，让新成员加入网络的过程，以及新加入者是否可以直接参与开发过程
沟通	关注区块链利益相关者之间的正式和非正式沟通方式、通信工具，如协调系统和跟踪系统，或会议和工作组之类的公开讨论

① Pelt R V, Jansen S, Baars D, et al. Defining blockchain governance: A framework for analysis and comparison [J] . Information Systems Management, 2020 (5): 1-21.

② Beck R, Müller-Bloch C, Leslie King J. Governance in the blockchain economy: A framework and research agenda [J]. Journal of the Association for Information Systems, 2018, 19 (10): 1020-1034.

③ Pelt R V , Jansen S , Baars D , et al. Defining blockchain governance: A framework for analysis and comparison [J]. Information Systems Management, 2020 (5): 1-21.

表8-3　续

治理维度	说明
决策	关注如何制定、监督和协商决策，以及决策过程的设置方式

资料来源：Pelt R V , Jansen S , Baars D , et al. Defining blockchain governance：A framework for analysis and comparison［J］. Information Systems Management，2020（5）：1-21.

在跨境供应链合规领域，供应链参与方跨国家、地区、行业，包括上下游各生产企业、物流服务商、分销商等众多相互独立的企业，同时各级政府在规范和控制跨境贸易活动方面也发挥着重要作用。由于区块链技术应用于跨境供应链合规领域涉及众多参与者，将形成复杂的利益相关者网络，因此有必要应用区块链的治理框架对项目的背景、角色、激励、成员资格、沟通和决策过程等方面进行全面分析，客观反映在跨境供应链中区块链治理安排的多主体、多样化、异质化特征。

3. 统一技术标准，促进互联互通

区块链在跨境供应链合规领域仍处在试点阶段，行业通用的技术标准和治理体系仍有待建立，亟须加强规范和引导，推动区块链应用有序落地，促进系统数据互联互通，降低企业的系统切换成本。

（1）基于《区块链技术架构安全要求》《区块链基础技术规范》等区块链领域基础标准和规范，加强基础设施、底层架构、数据块、应用程序接口（API）、所使用的加密算法、配置语言、访问控制程序以及其他关键功能和数据格式等方面的标准化和统一性①。

（2）结合现有的国际贸易便利化和标准化体系，根据联合国贸易便利化与电子业务中心发布的联合国贸易单证样式（UNLK）、世界海关组织发布的世界海关组织数据模型，以及国际航空运输协会（IATA）和国际海事组织（IMO）等国际组织发布的电子数据标准，由多国、多部门共建，或跨链集成行业标准，共同推动跨境供应链合规领域的区块链数据格式的标准化。此外，为了让区块链技术充分发挥作用，也需要对现有的国际贸易流程和文档进行必要的调整和更改。

（3）不同国家、地区和组织建立的区块链平台实现信息共享需要标

① EPRS（European Parliamentary Research Service）. Blockchain for supply chains and international trade［R］. Brussels：European Parliament，2020：113.

准化的跨链技术协议支持。目前，主流的跨链技术主要面向有代币（Token）的公有链，如侧链技术、中继模式等，旨在提供链和链之间转账的清算机制。而跨境国际贸易领域的联盟链跨链与公有链在治理模型上有所不同，联盟链可以选择更强一致性的共识算法以提高跨链安全性，同时联盟链也拥有更高的可监管度，进一步增强了跨链安全性。① 由跨境贸易区块链联盟等单位起草的《跨境贸易区块链技术标准》已迈出了第一步，提出了跨境贸易跨链技术规范，但尚需进一步细化统一跨境贸易与供应链合规领域的区块链技术标准，以促进我国海关发起或主导的区块链平台与国内其他政府部门、国外海关以及其他企业主导的区块链平台的资源互通。

4. 完善相关法律法规，保障区块链数据安全

目前，我国尚未出台严格意义上的区块链治理立法，但已将区块链纳入监管。2019 年，国家互联网信息办公室出台的《区块链信息服务管理规定》② 正式将通过区块链系统或者依靠技术向公众提供信息服务的行为纳入互联网信息安全监管范畴。区块链作为新兴技术，为更好地将其应用于跨境供应链合规与信息协同领域，需要进一步丰富和完善相关配套法律法规，切实保障区块链数据安全。

将区块链应用于跨境供应链合规与信息协同的领域，首先，需要厘清出入境国家（地区）对区块链数据跨境传递的限制性措施。一些国外政府部门已充分意识到加强对跨境贸易供应链领域区块链技术应用监管的重要性，例如，2018 年欧洲议会通过了一项以《区块链：前瞻性的贸易政策》为主题的非立法决议③，2019 年欧盟委员会对该决议作出了回应。该决议深入探讨了分布式账本技术（区块链技术）的潜在监管问题，提出了当前供应链以及欧盟贸易和海关程序中尚需优化的方面，还指出了区块链技术应用于跨境供应链时不符合《欧盟数据通用保护条例》（GDPR）之处，例

① 跨链技术践行者，联盟链的多链与跨链的思考与实现（2019－05－03）. https：//blog. csdn. net/shangsongwww/article/details/89784773.

② 该规定根据国家互联网信息办公室第 3 号令自 2019 年 2 月 15 日起施行，具体详见网站 http：//www. cac. gov. cn/2019-01/10/c_ 1123971164. htm。

③ 第 2018/2085（INI）号决议，国际贸易委员会（INTA）负责起草该决议，该决议于 2018 年 12 月 13 日由议会通过。此外，欧盟委员会于 2019 年 6 月 12 日通过了该决议的回复措施 SP（2019）355。

如，在数据本地化要求可以采取的各种形式中严格限制措施要求数据在本地存储或处理，禁止任何跨境数据传输。①

其次，需要通过相关立法对区块链数据的数据权属和法律效力进行明确。② 目前，在跨境贸易领域很多单证仍为纸质文件，只有跨境贸易监管部门和相关企业承认电子签名和电子交易的法律效力才能让区块链数据在进出口申报等环节发挥更大的作用，但迄今为止，只有为数不多的国家（地区）对这种承认作出了法律规定③。

最后，建立区块链网络安全的相关规范和制度，加强对身份认证和密钥的管理、对上链企业和政务数据严格的梳理，以及设计从技术、管理和制度三个层面保护好区块链数据安全。随着跨境供应链合规领域区块链应用的场景越来越多，大量政务数据和企业数据上链对系统的安全性提出了更高要求。一方面，基于《中华人民共和国数据安全法》对区块链上链数据实行分级分类保护，对相关政务数据的价值和敏感性确定分级，只有需要多方共享的高价值数据才上链；另一方面，充分考虑到不同企业对数据安全的差异化要求选择上链数据内容，如《欧盟通用数据保护条例》对在华外资企业的数据保密要求等。此外，还可以借鉴欧盟的 eATA 数据公证项目的混合链经验对数据链级别进行划分，将交易数据或单证册等敏感信息存至私有链，只将区块信息和交易信息的哈希值定期链接至公有链，从立法、数据治理、区块链设计等多个角度采取措施，多管齐下，切实保障区块链数据安全。

---

① EPRS（European Parliamentary Research Service）. Blockchain for supply chains and international trade［R］. Brussels：European Parliament，2020：130.

② 深圳壹账通智能科技有限公司. 区块链法律合规白皮书［R］. 2019.

③ Ganne E. Can Blockchain revolutionize international trade?［R］. Geneva：World Trade Organization：39.

参考文献

英文文献

[1] Ahmed S, Kalsoom T, Ramzan N, et al. Towards supply chain visibility using internet of things: a dyadic analysis review [J]. Sensors (Basel, Switzerland), 2021, 21 (12): 4158.

[2] Al-Shbail T, Maghayreh A, Awad M. Big Data analytics for supply chain sustainability: Amid the outbreak of the COVID-19 pandemic [J]. World Customs Journal, 2021, 15 (2): 61-72.

[3] Ayres I, Braithwaite J. Responsive regulation: transcending the deregulation debate [M]. Oxford: Oxford University Press, 1992: 35-39.

[4] Baah C, Acquah I, Ofori D. Exploring the influence of supply chain collaboration on supply chain visibility, stakeholder trust, environmental and financial performances: a partial least square approach [J]. Benchmarking An International Journal, 2022, 29 (1): 172-193.

[5] Bailey K, Francis M. Managing information flows for improved value chain performance [J]. International Journal of Production Economics, 2008, 111 (1): 2-12.

[6] Barki H, Pinsonnault A. A model of organizational integration, implementation effort, and performance [J]. Organization Science, 2005, 16 (2): 165-179.

[7] Beck R, Müller-Bloch C, Leslie K J. Governance in the blockchain economy: A framework and research agenda [J]. Journal of the Association for Information Systems, 2018, 19 (10): 1020-1034.

[8] Benbasat I, Goldstein D, et al. The Case research strategy in studies of information systems [J]. MIS Quarterly, 1987, 23: 369-391.

[9] Bharosa N, Janssen M, van Wijk R, et al. Tapping into existing information flows: The transformation to compliance by design in business-to-government information exchange [J]. Government Information Quarterly, 2013, 30:

S9-S18.

[10] Bradach J L, Eccles R G. Price, Authority, and trust: from ideal types to plural forms [J]. Annual Review of Sociology, 1989, 15 (1): 97-118.

[11] Branch A E. Global supply chain management and international logistics [M]. Routledge, 2009.

[12] Williams B D, Roh J, et al. Leveraging supply chain visibility for responsiveness: The moderating role of internal integration [J]. Journal of Operations Management, 2013, 31 (7-8): 543-554.

[13] Bryson J M, Crosby B C, Stone M M. Designing and implementing cross-sector collaborations: needed and challenging [J]. Public Administration Review, 2015, 75 (5): 647-663.

[14] Carlsson L. Policy networks as collective action [J]. Policy Studies Journal. 2000, 28 (3): 502-520.

[15] European Conference of Ministers of Transport. ECMT Annual Report 2004 [R]. Jonit OECD/ECMT transport research centre, 2004.

[16] Chen Y, Lee J. Collaborative data networks for public service: Governance, management, and performance [J]. Public Management Review, 2018, 20 (5): 672-690.

[17] Cheung M S, Myers M B, Mentzer J T. Does relationship learning lead to relationship value? A cross-national supply chain investigation [J]. Journal of Operations Management, 2010, 28 (6): 472-487.

[18] Choi T M, Wen X, Sun X, et al. The mean-variance approach for global supply chain risk analysis with air logistics in the blockchain technology era [J]. Transportation Research Part E: Logistics and Transportation Review, 2019, 127 (JUL.): 178-191.

[19] Chu C Y, Park K, Kremer G E. A global supply chain risk management framework: An application of text-mining to identify region-specific supply chain risks [J]. Advanced Engineering Informatics, 2020, 45: 1-11.

[20] Lamberth M, Rasser M, et al. The tangled web we wove——Rebalancing America' s supply chains [R]. Center for a New America Security (CNAS), 2022.

[21] Comfort L K. Crisis Management in hindsight: Cognition, communication, coordination, and control [J]. Public Administration Review, 2007: 189-197.

[22] Economist. The promise of the blockchain: The trust machine [EB/OL]. http://www.economist.com/news/leaders/21677198-technology-behind-bitcoin-could-transform-how-economy-works-trust-machine

[23] EPRS (European Parliamentary Research Service). Blockchain for supply chains and international trade [R]. Brussels: European Parliament, 2020.

[24] Longo F, Nicoletti L, Padovano A, D'Atri G, Forte M. Blockchain-enabled supply chain: An experimental study [J]. Computers & Industrial Engineering, 2019, 136: 57-69.

[25] Fawcett S E, Osterhaus P, Magnan G M, et al. Information sharing and supply chain performance: the role of connectivity and willingness [J]. Supply Chain Management: An International Journal. 2007, 12 (5): 358-368.

[26] Frow P, Payne A. A stakeholder perspective of the value proposition concept [J]. European Journal of Marketing. 2011, 45 (1-2): 223-240.

[27] Ganne E. Can Blockchain revolutionize international trade? [R]. Geneva: World Trade Organization: 39.

[28] Gilgarcia J R, Guler A, Pardo T A, et al. Trust in government cross-boundary information sharing initiatives: Identifying the determinants [C]. IEEE, 2010, 44: 1-10.

[29] Gil-Garcia J R, Pardo T A, Burke G B. Conceptualizing information integration in government. In: Scholl J (ed.) Electronic government: Information, technology, and transformation. Armonk, NY: ME Sharpe, 2010: 179-202.

[30] Grainger A, Huiden R, Rukanova B, et al. What is the cost of customs and borders across the supply chain … and how to mitigate the cost through better coordination and data sharing [J]. World Customs Journal, 2018, 12 (2): 3-30.

[31] Hameri A P, Hintsa J. Assessing the drivers of change for cross-border supply chains [J]. International Journal of Physical Distribution & Logistics

Management, 2009, 39 (9): 741-761.

[32] Hammadi L, Cursi E S D, Barbu V S, et al. A SCOR model for customs supply chain process design [J]. World Customs Journal, 2018, 12 (2): 95-105.

[33] Hammadi L, Ouahman A A, Cursi E, et al. An approach based on FMECA methodology for a decision support tool for managing risk in customs supply chain: a case study [J]. International Journal of Manufacturing Technology & Management, 2018, 32 (2): 102-123.

[34] Hanseth O, Monteiro E, Hatling M. Developing information infrastructure: the tension between standardization and flexibility [J]. Science, Technology & Human Values, 1996, 21 (4): 407-426.

[35] Haywood M M, Peck H. Supply chain vulnerability within UK aerospace manufacturing: development of a vulnerability management toolkit [J]. Supply Chain Practice, 2004, 6 (1): 72-83.

[36] Heijmann F, Tan YH, Rukanova B, Veenstra A. The changing role of customs: customs aligning with supply chain and information management [J]. World Customs Journal, 2020, 14 (2): 131-142.

[37] Her Majesty´s Revenue and Customs, HMRC. The risk management guide for tax administrations. [EB/OL]. https: //ec. europa. eu/taxation_ customs/system/files/2016-09/risk_ management_ guide_ for_ tax_ administrations _ en. pdf

[38] Hesketh D. Seamless electronic data and logistics pipelines shift focus from import declarations to start of commercial transaction [J]. World Customs Journal, 2009, 3 (1), 27-32.

[39] Hesketh D. Weaknesses in the supply chain: Who packed the box? [J]. World Customs Journal, 2010, 4 (2), 3-20.

[40] Hintsa J, Uronen K. Common assessment and analysis of risk in global supply chains [R]. Compendium of FP7-project CASSANDRA, 2012.

[41] Hoek, Van R I. Using information technology to leverage transport and logistics service operations in the supply chain: an empirical assessment of the interrelation between technology and operations management [J]. International Journal of Information Technology & Management, 2002, 1 (1):

115-130.

[42] Hughes L, Dwivedi Y K, Misra S K, et al. Blockchain research, practice and policy: Applications, benefits, limitations, emerging research themes and research agenda [J]. International Journal of Information Management, 2019, 49: 114-129.

[43] Huiskers-Stoop E, Gribnau H. Cooperative compliance and the Dutch horizontal monitoring model [J]. Journal of Tax Administration, 2019, 5 (1): 66-110.

[44] Hulstijn J, Overbeek S, Aldewereld H, et al. Integrity of supply chain visibility: Linking information to the physical world [J]. CAiSE Workshops, 2012.: 351-365.

[45] Humphreys P K, Lai M K, Sculli D. An inter-organizational information system for supply chain management [J]. International Journal of Production Economics, 2001, 70 (3): 245-255.

[46] Jeacocke S, Kouwenhoven N. TradeLens uses blockchain to help Customs authorities facilitate trade and increase compliance [J]. WCO News. 2018: 64-67.

[47] Jeng, J F. Generating a causal model of supply chain collaboration using the fuzzy DEMATEL technique [J]. Computers & Industrial Engineering, 2015, 87: 283-295.

[48] Karaba F, Roehrich J K, Conway S, et al. Information sharing in public-private relationships: the role of boundary objects in contracts [J]. Public Management Review, 2022, DOI: 10. 1080/14719037. 2022. 2065344.

[49] Karlsson L, Singham S, Daniel A. Gottschald. The global zone network, a safe pathway to prosperity in the post-Coronavirus era? [J]. World Customs Journal, 2021, 15 (1): 51-64.

[50] Klievink B, van Stijn E, Hesketh D, et al. Enhancing visibility in international supply chains [J]. International Journal of Electronic Government Research, 2012, 8 (4): 14-33.

[51] Koliba C, Koliba C, Wiltshire S, Scheinert S, Turner D, Zia A, Campbell E. 2017. The critical role of information sharing to the value proposition

of a food systems network [J]. Public Management Review, 19 (3): 284-304.

[52] Kothmann D. Global trade system: Development update. In: Risk Management In Port Operations, Logistics and Supply Chain Security [M]. NY: Informa Law, 2007: 35-54.

[53] Lavalle S, Lesser E, Shockley R, et al. Special report: Analytics and the new path to value [J]. Mit Sloan Management Review, 2011, 52 (2): 22-32.

[54] Lee H L, Padmanabhan V, Whang S. Information distortion in a supply chain: The bullwhip effect [J]. Management Science, 1997, 43 (4): 546-558.

[55] Lee H L, Whang S. Information sharing in a supply chain [J]. International Journal of Technology and Management, 2000, 1 (1): 79-93.

[56] Lee J, Kim H J, Ahn M J. The willingness of e-Government service adoption by business users: The role of offline service quality and trust in technology [J]. Government Information Quarterly, 2011, 28 (2): 222-230.

[57] Lee J Y, Saunders C, Panteli N, Wang T. Managing information sharing: interorganizational communication in collaborations with competitors [J]. Information and Organization. 2021, 31 (2), 100354.

[58] Li C, Gao M, Sarkis J, et al. Modeling cross - border supply chain collaboration: the case of the Belt and Road Initiative [J]. International Transactions in Operational Research, 2020. https: //doi. org/10. 1111/itor. 12874.

[59] Li S, Lin B. Accessing information sharing and information quality in supply chain management [J]. Decision Support Systems, 2006, 42 (3): 1641-1656.

[60] Männistö T, Hintsa J, Tsikolenko V. Enhancing customs risk management with external data [R]. Annual study report by the Pan-European Network of Customs Practitioners (PEN-CP), First edition, 2021.

[61] Musa A, Gunasekaran A, Yusuf Y. Supply chain product visibility: Methods, systems and impacts [J]. Expert Systems with Applications, 2014, 41 (1): 176-194.

[62] Navarrete C, Gil-Garcia J R, Mellouli S, et al. Multinational E-

Government collaboration, information sharing, and interoperability: An integrative model [C]. Hawaii International International Conference on Systems Science. IEEE Computer Society, 2010: 1-10.

[63] Oosterhout M, Veenstra A W, Meijer M, et al. Visibility platforms for enhancing supply chain security: A case study in the Port of Rotterdam [C]. Proceeding of the International Symposium on Maritime Safety, Security and Environmental Protection. Athens. 2007.

[64] Ouyang Y. The effect of information sharing on supply chain stability and the bullwhip effect [J]. European Journal of Operational Research, 2007, 182 (3): 1107-1121.

[65] Overbeek S, Klievink B, Hesketh D, et al. A Web-based data pipeline for compliance in international trade [C]. Proceedings of the 1st Workshop on IT Innovations Enabling Seamless and Secure Supply Chains (WITNESS 2011) held in conjunction with the EGOV 2011 Conference, Delft, The Netherlands, August 29, 2011.

[66] Pandey P N. Cross-border E-commerce challenges: A view from multilateral efforts. [EB/OL]. 2019, http: //mddb. apec. org/Documents/2019/SCCP/ACBD/19_ sccp_ acbd_ 002. pdf

[67] Pardo T A, Gil-Garcia J R, Luna-Reyes L F. Collaborative governance and cross-boundary information sharing: Envisioning a networked and IT-Enabled public administration [C]. Minnowbrook III Conference, Lake Placid, New York, 2008.

[68] Paul, A, Bartlett, et al. Improving supply chain performance through improved visibility [J]. The International Journal of Logistics Management, 2007, 18 (2): 294-313.

[69] Pelt R V, Jansen S, Baars D, et al. Defining blockchain governance: A framework for analysis and comparison [J]. Information Systems Management, 2020 (5): 1-21.

[70] Pourakbar M, Zuidwijk R A. The role of customs in securing containerized global supply chains [J]. European Journal of Operational Research, 2018, 271 (1): 331-340.

[71] Pradhan S K, Routroy S. Improving supply chain performance by

supplier development program through enhanced visibility [J]. Materials today: proceedings, 2018, 5 (2): 3629-3638.

[72] Prokop, D. J. Chapter 6 - The business and government interface in global supply chain security and management [M]. Butterworth - Heinemann, 2017.

[73] Rodríguez C, Langley A, Béland F, et al. Governance, power, and mandated collaboration in an interorganizational network [J]. Administration & Society. 2007, 39 (2): 150-193.

[74] Rogerson M, Parry G C. Blockchain: case studies in food supply chain visibility [J]. Supply Chain Management, 2020, 25 (5): 601-614.

[75] Roy V. Contrasting supply chain traceability and supply chain visibility: Are they interchangeable? [J]. The International Journal of Logistics Management, 2021, 32 (3): 942-972.

[76] Rukanova B, Henningsson S, Zinner Henriksen H, et al. Digital trade infrastructures: A framework for analysis [J]. Complex Systems Informatics and Modeling Quarterly, 2018 (14): 1-21.

[77] Saadaoui Z. Digitization of ATA carnets: How the blockchain could enhance trust [J]. WCO News. 87, 2018: 56-59.

[78] Santamaria S C. CADENA, a blockchain enabled solution for the implementation of Mutual Recognition Arrangements/Agreements [J]. WCO News. 2018: 60-62.

[79] Sheffi Y, Rice Jr J. A supply chain view of the resilient enterprise [J]. MIT Sloan Management Review, 2005, 47 (1): 41-48.

[80] Sheu C, Lee L, Niehoff B. A voluntary logistics security program and international supply chain partnership [J]. Supply Chain Management: An International Journal, 2006, 11 (4): 363-374.

[81] Shore B. Information sharing in global supply chain systems [J]. Journal of Global Information Technology Management, 2001, 4 (3): 27-50.

[82] Singapore Customs. Going beyond the national Single Window [J]. WCO News. 2018: 68-71. https://mag.wcoomd.org/magazine/wco-news-87/going-beyond-the-single-window/.

[83] Soni G, Kodali R. A decision framework for assessment of risk associ-

ated with global supply chain [J]. Journal of Modelling in Management, 2013, 8 (1): 25-53.

[84] Clayepuaux S, Lazzeri J, Meurier B, et al. Orchestrating supply chain integration: Who' s in charge? [C]. EUROMA Conference, University of Neuchatel, Jul 2015, Neuchatel, Switzerland. (hal-01476947).

[85] Steinfield C, Markus M L, Wigand R T. Through a glass clearly: Standards, architecture, and process transparency in global supply chains [J]. Journal of Management Information Systems, 2011, 28 (2): 75-108.

[86] Susha I, Gronlund A, Van Tulder R. Data driven social partnerships: Exploring an emergent trend in search of research challenges and questions [J]. Government information quarterly. 2019, 36 (1): 112-128.

[87] Susha I, Janssen M, Verhulst S, et al. Data Collaboratives: How to Create Value from Data for Public Problem Solving? [C]. Proceedings of the 18th Annual International Conference on Digital Government Research, 2017: 604-606.

[88] Svensson G. Key areas, causes and contingency planning of corporate vulnerability in supply chains [J]. International Journal of Physical Distribution & Logistics Management, 2004, 34 (9): 728-748.

[89] Tallberg J. Paths to compliance: Enforcement, management, and the European Union [J]. International Organization, 2002, 56 (3): 609-643.

[90] Tan A W K, Zhao Y, Halliday T. A blockchain model for less container load operations in china [J]. International Journal of Information Systems and Supply Chain Management. 2018, 11 (2): 39-53.

[91] Tan Y H, N Bjørn-Andersen, Klein S, et al. Accelerating global supply chains with IT-innovation: ITAIDE tools and methods [M]. Berlin, Germany: Springer-Verlag, 2011.

[92] Trischler J, Trischler J W. Design for experience - a public service design approach in the age of digitalization [J]. Public Management Review, 2021 (1): 1-20.

[93] Tse Y K, Tan K H. Managing product quality risk and visibility in multi-layer supply chain [J]. International Journal of Production Economics, 2012, 139 (1): 49-57.

[94] U. S. Customs and Border Protection Trade Transformation Office. NAFTA/CAFTA proof of concept assessment [R]. 2018. https: //www. cbp. gov/document/technical-documentation/ naftacafta -proof-concept-report.

[95] U. S. Customs and Border Protection. Intellectual property rights proof of concept report [R]. 2020. https: //www. cbp. gov/document/report/intellectual-property-rights-proof-concept-report.

[96] Um J, Han N. Understanding the relationships between global supply chain risk and supply chain resilience: the role of mitigating strategies [J]. Supply Chain Management, 2020, 26 (2): 240-255.

[97] Urciuoli L, Hintsa J, Ahokas J. Drivers and barriers affecting usage of e-Customs — A global survey with customs administrations using multivariate analysis techniques [J]. Government Information Quarterly, 2013, 30 (4): 473-485.

[98] van Roekel, J, Willems S, Boselie, D M. Agri-supply chain management: to stimulate cross-border trade in developing countries and emerging economies. World Bank Paper, World Bank, s' Hertogenbosch, Netherlands, 2002.

[99] Veenstra A. Operations, logistics and supply chain management [M]. Springer, 2014.

[100] Verwaal, E. and Donkers, B. Customs-related Transaction Costs, Firm Size and International Trade Intensity [J]. Small Business Economics, 2003, 21 (3): 257-71.

[101] Wagenaar. Business network re-design — lessons from the port of Rotterdam simulation game [C]. Proceedings of the 5th Int. EDI Conference. Bled, Slovenia, 1992: 390-404.

[102] WCO. SAFE Framework of Standards. http: //www. wcoomd. org/en/topics/facilitation/ instrument-and-tools/frameworks-of-standards/safe_package. aspx.

[103] WCO. WCO Unique Consignment Reference (UCR), 2004. [EB/OL]. http: //www. wcoomd. org/-/media/wco/public/global/pdf/topics/facilitation/instruments-and-tools/tools/ucr/ucr_ new_ e. pdf? la=en.

[104] WCO. Customs-Business partnership guidance. 2015. [EB/OL]. http: //www. wcoomd. org/-/media/wco/public/global/pdf/topics/facilitation/

instruments-and-tools/tools/customs-business-partnership-guidance/customs--business-partnership-guidance. pdf? db=web.

[105] WCO. Recommendation of the customs co-operation council on the guiding principles for data quality. 2015. [EB/OL]. http: //www. wcoomd. org/en/about-us/legal-instruments/ recommendations/ ~/ media/ C6E5F4DF134C427C923AE8CF99E062C6. ashx.

[106] WCO. WCO Customs guidelines on integrated supply chain management - ISCM guidelines. 2018. [EB/OL]. http: //www. wcoomd. org/-/ media/wco/public/global/pdf/topics /facilitation/ instruments - and - tools/ tools/safe-package/guidelines-on-iscm. pdf? la=en.

[107] WCO. Guidelines on disaster management and supply chain continuity. 2021. [EB/OL]. http: //www. wcoomd. org/en/topics/facilitation/instrument-and-tools/tools/guidelines-on-disaster-management. aspx.

[108] WEF. Data collaboration for the common good enabling trust and innovation through public-private partnerships [R]. 2019.

[109] Widdowson D. Managing customs risk and compliance: an integrated approach [J]. World Customs Journal, 2020, 14 (2): 63-80.

[110] Widdowson D. Managing risk in the Customs context [M] // De Wulf L, Sokol J B. Customs Modernization Handbook. Washington, D. C: World Bank, 2005: 91-99.

[111] Yang T M, Wu Y J. What to share and why to share? A case study of cross-boundary information sharing in Taiwan e-Government [J]. Journal of Library and Information Studies, 2013, 11 (1): 25-53.

[112] Yang T, Maxwell T A. Information-sharing in public organizations: A literature review of interpersonal, intra-organizational and inter-organizational success factors [J]. Government Information Quarterly, 2011, 28 (2): 164-175.

[113] Yang T, Wu Y. Exploring the determinants of cross-boundary information sharing in the public sector: An e-Government case study in Taiwan [J]. Journal of Information Science, 2014, 40 (5): 649-668.

[114] Yang T, Zheng L, Pardo T. The boundaries of information sharing and integration: A case study of Taiwan e-Government [J]. Government Infor-

mation Quarterly, 2012, 29: S51-S60.

[115] Yaren H. Implementing blockchain technology in the customs environment to support the SAFE Framework of Standards [J]. World Customs Journal, 2020, 14 (1): 127-138.

[116] Zhang A N, Goh M, Meng F. Conceptual modelling for supply chain inventory visibility [J]. International Journal of Production Economics, 2011, 133 (2): 578-585.

[117] Zhang S, Preece R. Designing and implementing customs-business partnerships: A possible framework for collaborative governance [J]. World Customs Journal, 2011, 2 (1): 43-62.

[118] Zhou W. RFID and item-level information visibility [J]. European Journal of Operational Research, 2009, 198 (1): 252-258.

[119] Ziolkowski R, Miscione G, Schwabe G. Decision problems in blockchain governance: Old wine in new bottles or walking in someone else´s shoes? [J]. Journal of Management Information Systems, 2020, 37 (2): 316-348.

中文文献

[1] 乔普拉. 供应链管理（英文版）[M]. 北京：中国人民大学出版社，2021.

[2] 供应链管理专业协会（CSCMP），吉布森，汉纳，等. 供应链管理综合实战：战略实施、信息协同、流程优化与绩效评估 [M]. 北京：人民邮电出版社，2021：153.

[3] 曾诗钦，等. 区块链技术研究综述：原理、进展与应用 [J]. 通信学报，2020（01）：134-151.

[4] 陈苏明. 全球供应链管理与国际贸易安全 [M]. 上海：上海人民出版社，2016 年.

[5] 德勤（Deloitte）冯莉，冼君行，龚戈亮. "区块链 VS 供应链，天生一对" [R]. 2020.

[6] 杜均等. 区块链+：从全球 50 个案例看区块链的应用与未来 [M]. 北京：机械工业出版社，2018.

[7] 工业和信息化部信息中心. 2018 年中国区块链产业白皮书 [EB/OL]. http：//www. miit. gov. cn/n1146290/n1146402/n1146445/c6180238/

part/6180297. pdf.

［8］何振，邓春林，等. 电子政务信息资源共享模式选择与优化［M］. 北京：高等教育出版社，2014.

［9］华为区块链技术开发团队. 区块链技术与应用（第二版）［M］. 北京：清华大学出版社，2019.

［10］黄丙志. 推进海关协同治理的三层面政策路径［J］. 海关与经贸研究，2015，36（05）：69-75.

［11］黄如花，陈闯. 美国政府数据开放共享的合作模式［J］. 图书情报工作. 2016，60（19）：6-14.

［12］黄梯云，李一军，叶强. 管理信息系统（第七版）［M］. 北京：高等教育出版社，2019.

［13］贾康，孙洁. 公私伙伴关系（PPP）的概念、起源、特征与功能［J］. 财政研究. 2009（10）：2-10.

［14］江怡洒. 大数据分析能力与供应链可视性对大规模定制能力的影响［D］. 哈尔滨工业大学，2021.

［15］姜金利. 电子政务环境下的政府信息资源共享问题研究［D］. 山东师范大学硕士论文，2013：33.

［16］金姬. 7 亿条数据，通关“秒放”上海海关大数据平台，助力优化跨境贸易营商环境［J］；新民周刊，2019 年 21 期.

［17］金融壹账通. 跨境贸易区块链白皮书［R］. 2019.

［18］跨境贸易区块链联盟. 跨境贸易区块链技术标准［S］. 2019.

［19］匡增杰，孙浩. 贸易安全与便利视角下加快实施我国 AEO 制度的路径探析［J］. 上海对外经贸大学学报. 2017，24（02）：35-44.

［20］刘家君，郑岚姿，陈洽. 实施全球质量溯源在推进“品质中国”建设中的探索［J］. 财经界，2017（36）：49.

［21］刘珂. 供应链可视性、敏捷性与企业绩效的关系研究［J］. 价格理论与实践，2019（12）：141-144+184.

［22］刘新宇，郭欢. 供应链视角下的美国出口管制及经济制裁风险分析［J］. 中国外汇，2021（18）：28-30.

［23］马捷，蒲泓宇，胡漠. 智慧政务数据协同治理超网络模型研究［J/OL］. 图书馆设：1-25［2022-05-18］.

［24］马青文. 跨境贸易管理大数据平台的建成对审计工作的思考

[J]. 交通财会, 2018 (02): 30-33.

[25] 上官莉娜, 潘晨. 大数据驱动的公共服务供给模式变革: 逻辑、类型与向度 [J]. 电子政务. 2021 (03): 73-82.

[26] 上海海关. 国际海关新视野 [M]. 北京: 中国海关出版社, 2012.

[27] 田培杰. 协同治理: 理论研究框架与分析模型 [D]. 上海交通大学, 2013.

[28] 王国文. 疫情中的全球产业链供应链 [J]. 对外经贸实务, 2020 (12): 4-7.

[29] 王美涵. 税收大辞典 [M]. 沈阳: 辽宁人民出版社, 1991.

[30] 王瑜, 黄胜强. 海关与企业间关系: 内涵, 模式与路径构建 [J]. 海关与经贸研究, 2021, 42 (1): 18-29.

[31] 肖冯. 跨境电子商务供应链协同物流效率研究 [D]. 宁波大学, 2017.

[32] 杨扬, 徐新扬. 基于 CNN-PSO 的跨境供应链风险预警研究 [J]. 公路交通科技, 2022, 39 (01): 152-159.

[33] 叶菁, 黄挺, 廖辉, 田家明. 探索溯源体系在进境动植物及其产品中的应用 [J]. 植物检疫, 2017, 31 (03): 70-72.

[34] 叶晓甦, 徐春梅. 我国公共项目公私合作 (PPP) 模式研究述评 [J]. 软科学. 2013, 27 (06): 6-9.

[35] 于申, 凌定成. 中国海关实施" WCO 数据元和 UCR 为基础的数据交换" 的相关研究 [J]. 上海海关学院学报, 2006, (2): 12-20, 35.

[36] 张桂蓉, 雷雨, 冯伟, 赵维. 大数据驱动下应急信息协同机制研究 [J]. 情报杂志, 2022, 41 (04): 181-185+201.

[37] 张杰. 中美战略格局下全球供应链演变的新趋势与新对策 [J]. 探索与争鸣, 2020 (12): 37-52+198.

[38] 张丽丽, 潘瑞玉, 周根贵. 供应链的牛鞭效应与可视性 [J]. 商业研究, 2003 (24): 179-181.

[39] 张倪. 基于熵理论的产业互联供需网信息协同有序度研究 [J]. 科技和产业, 2022, 22 (02): 126-131.

[40] 张秀萍, 柯曼綦. 全球供应链 [M]. 北京: 经济管理出版社, 2017 年.

[41] 张衍斌. 以区块链技术构建中欧跨境电子商务生态圈 [J]. 中国

流通经济，2018，32（02）：66-72.

［42］长铗，韩锋等．区块链：从数字货币到信用社会［M］．北京：中信出版集团，2016.

［43］赵远．内蒙古数据开放共享中的政府与企业合作关系研究［J］．内蒙古科技与经济，2017，（12）：6-8.

［44］郑国凯，易露霞，杜连雄．信息协同视角下“区块链+跨境电商”创新模式构建［J］．商业经济研究，2022（09）：84-86.

［45］周欣，霍佳震．考虑贸易便利与通关效率的跨国供应链库存优化［J］．管理工程学报，2015（3）：137-143.

［46］周欣．推行国际供应链安全项目的障碍与对策分析［J］．物流技术，2013，32（8）：54-57.

［47］朱建明，高胜，段美姣等．区块链技术与应用［M］．北京：机械工业出版社，2017.